# 反操纵心理学

## 夺回人生主导权

文峤——著

苏州新闻出版集团
古吴轩出版社

图书在版编目（CIP）数据

反操纵心理学：夺回人生主导权 / 文峤著.
苏州：古吴轩出版社，2024. 9. -- ISBN 978-7-5546
-2433-3

Ⅰ．B84-49

中国国家版本馆CIP数据核字第202425T9B2号

责任编辑：李　倩
策　　划：杨莹莹
装帧设计：木子鲜

| 书　　名： | 反操纵心理学：夺回人生主导权 |
|---|---|
| 著　　者： | 文　峤 |
| 出版发行： | 苏州新闻出版集团 |
|  | 古吴轩出版社 |
| 地址： | 苏州市八达街118号苏州新闻大厦30F |
| 电话： | 0512-65233679　邮编：215123 |
| 出 版 人： | 王乐飞 |
| 印　　刷： | 衡水翔利印刷有限公司 |
| 开　　本： | 670mm×950mm　1/16 |
| 印　　张： | 12 |
| 字　　数： | 139千字 |
| 版　　次： | 2024年9月第1版 |
| 印　　次： | 2024年9月第1次印刷 |
| 书　　号： | ISBN 978-7-5546-2433-3 |
| 定　　价： | 49.80元 |

如有印装质量问题，请与印刷厂联系。13381013229

# 前言

　　人类作为社会性生物，我们深知个体间的相互影响既复杂又多维。这种影响可能源自细微的一句话语、一个举动、一幅图像，甚至是一个微妙的表情……对方的外在表现不论多么简单，都有可能对我们产生或浅或深的影响。

　　那么，如果有人洞察了这些影响你的因素，并将这些因素作为工具巧妙地运用到你身上，结果会怎样呢？

　　他可能会借此引导你根据他的预设来反应，使你无意识地顺应他的期望去自我塑造，甚至最终将你塑造成他心目中的理想形象……我们称这种行为为"操纵与被操纵"。

　　《现代汉语词典》（第7版）中，对"操纵"一词的其中之一的解释是：用不正当的手段支配、控制。这里将操纵的手段定性为"不正当的"，这种手段往往具有一定的技巧和迷惑性，目的是获取个人利益。

自从踏入心理咨询领域，我接触到了各式各样的操纵案例。这些受害者涵盖了各种性别、跨越了不同年龄段以及来自社会的各个阶层，但他们因被操纵而遭受的精神创伤和痛苦情感却有着惊人的相似性。令人痛心的是，他们中的大多数人都在不知不觉中被操纵，仿佛陷入了一片由操纵者精心布置的迷雾森林，既不知道入口在哪里，也不知道如何找到出口。

近期，我有幸与一些企业客户合作，并接触到了几个令人深思的案例。这些人身处迷雾之中却浑然不知，从未觉得需要心理咨询的援手，直到在一次简单的心理问询中才察觉到些许不对劲。当他们鼓起勇气单独咨询时，惊愕地发现自己已然成了他人手中的扯线木偶。他们可能拥有占有欲过强的伴侣，或是屈从于控制欲强烈的上司，也可能背负着对父母的沉重的负罪感，或是与不可靠的朋友为伍……然而，这只是操纵现象的冰山一角，操纵者并不限于与你有亲密关系的人。

这次咨询经历激发了我写作本书的灵感。仅仅在一个企业内部，就存在着如此众多的操纵现象，更别提我们生活的广阔社会了。我同时意识到，如果他们能有一本优秀的自助图书来指引自己，那么摆脱操纵的束缚将会更加容易。这正是我撰写此书的初衷。

操纵现象在生活中屡见不鲜，**几乎任何人都有可能**

**落入操纵的陷阱，遭受不同程度的蒙蔽和利用**。我期望通过这本书，帮助更多人识别和抵御操纵关系，让他们能够有所警觉——自己在何时、何地、为何陷入操纵之中，并意识到是什么人、用什么手段在进行操纵，能够更早地认识到自己所面临的问题，不要等到伤害已经无法挽回，或者深陷操纵之中无法自拔时才恍然大悟。

但需要明确的是，本书旨在分享抵抗精神操纵的策略与技巧。我们期望通过这本书，能让读者规避被操纵的风险，打破束缚，重新夺回自己人生的主导权。这是我朴素的愿望。然而，需要强调的是，本书所探讨的方法并不适用于涉及肢体暴力、威胁行为、酗酒、药物成瘾以及违法行为的操纵情况。在遇到这些情况时，建议尽早远离违法者并立即报警，以免遭受人身伤害。

本书将助力你深入理解以下几个方面：

**首要的是，学会识别和认知操纵行为及其手段**。正如古语所说，"知己知彼，百战百胜"。唯有洞察操纵的内在机制，我们才能清晰地辨识其手段。这样，在潜在的操纵者试图将你卷入其中之前，你就能机智地避开他们，避免成为情感操纵的"共谋"。

**接下来，你将学会自我认知并强化个人性格**。书中会详细列出那些容易成为操纵者目标的特征与标记。通过加强自身的心理素质，你能够显著降低被操纵的风险。即使不慎陷入被操纵的漩涡，你也能以坚定的态度面对，并勇敢地拒绝。

**最终，本书将传授你规避操纵的有效方法**。通过结合案例分析与实用技巧，我们将为你提供一套系统的规避策略，帮助你从被操纵的困境中解脱出来。

# 目录

## 第一章 被操纵的你,并非唯一

精神操纵是支"双人舞"    002

手握牢笼钥匙的囚徒    003

情感操纵比你想象中更常见    004

## 第二章 图谱:这样的你,正在成为被操纵者

木盒中的女孩    008

谁,会是操纵者手中待宰的羔羊    011

过度重视别人看法的人    012

具有讨好型人格的人    014

难以拒绝他人要求的人    016

对负面情绪过度敏感的人    019

对自我需求过度忽视的人    022

外控制型人格的人更容易成为被操纵者    023

你是否容易被操纵    024

## 第三章 图谱：这样的他，大概率是个操纵者

| | |
|---|---|
| 煤气灯效应 | 032 |
| 谁，是正在伸出魔爪的操纵者 | 035 |
| 极端目标导向者 | 035 |
| 自恋型人格障碍者 | 037 |
| 边缘型人格障碍者 | 041 |
| 表演型人格障碍者 | 045 |
| 依赖型人格障碍者 | 049 |
| 被动攻击型人格障碍者 | 051 |
| A型人格者 | 054 |
| 反社会人格障碍者 | 055 |
| 成瘾人格者 | 056 |

## 第四章 操纵者的动机和手段

| | |
|---|---|
| 操纵者所追求的"胜利果实" | 060 |
| 操纵者的自我认知与行为动机 | 062 |
| 操纵者眼中的世界 | 065 |
| 操纵的前提 | 067 |
| 操纵者的手段 | 078 |

## 第五章　容易被操纵的人际关系

亲子关系　　　　　　　　　　　　084

两性关系　　　　　　　　　　　　093

上下级关系　　　　　　　　　　　099

朋友关系　　　　　　　　　　　　103

专业关系　　　　　　　　　　　　104

## 第六章　深入剖析操纵手段的底层逻辑

正强化　　　　　　　　　　　　　106

负强化　　　　　　　　　　　　　108

间断强化　　　　　　　　　　　　110

惩罚　　　　　　　　　　　　　　112

创伤型一次性学习　　　　　　　　113

## 第七章　自测：你是否正处在操纵关系中

你最容易落入哪种操纵陷阱　　　　116

你是否正处在操纵关系中　　　　　119

## 第八章　被操纵的你，成为什么模样

操纵递进与沟通限制　　　　　　　124

| | |
|---|---|
| 恐慌的被操纵者 | 126 |
| 难以满足的被操纵者 | 127 |
| 情绪失衡的被操纵者 | 129 |
| 陷入思想囹圄的被操纵者 | 130 |

## 第九章 逃脱操纵：致已陷入操纵关系的你

| | |
|---|---|
| 向外：要么反抗，要么脱离 | 132 |
| 向内：是脱敏，也是自救 | 135 |
| 摆脱操纵的策略 | 139 |
| 选择：是你的战斗 | 153 |

## 第十章 抵抗操纵需提前接种"疫苗"

| | |
|---|---|
| 找出你惯性思维中的"病毒" | 156 |
| 意识重启 | 157 |
| 找出症结 | 159 |
| 识别你的"易感体质" | 160 |
| 找出你的"易感点" | 166 |
| 重新勾勒自我形象 | 179 |
| 塑造坚定的自我 | 180 |

## 结 语

| | |
|---|---|
| | 181 |

# 第一章

# 被操纵的你,并非唯一

在我们的日常生活中，一种难以察觉的精神操纵悄然存在。这种操纵狡猾地利用我们的恐惧、忧虑，以及对爱与理解的深切渴望，通过不断地试探与强化，让人在毫无察觉的情况下变为操纵者的傀儡。被操纵者往往会违背自己的真实意愿，心甘情愿地为操纵者做事，甚至在试图反抗后陷入更深的困境，最终无法自拔。

这种操纵可能渗透到各种社会关系中，无论男女，都有可能深陷操纵的泥淖。它可能表现为情感操纵、侮辱，或是被卷入操纵者有意无意的心理游戏。操纵者可能是我们的父母、子女、同事、朋友、领导、老师，甚至是我们的亲密爱人。

略显讽刺的是，操纵关系往往最容易在紧密的人际关系中形成，越是有重要意义的情感纽带，越是容易将操纵关系隐藏起来。这种关系几乎创造了一个封闭的环境，将被操纵者困在其中，操纵者通过不断地洗脑使之崩溃。而操纵者则常常站在他们自己构建的道德高地上，俯视着被诱捕的被操纵者，在这段有毒的关系中侵蚀其自尊，摧残其心灵，虚耗其人生。

## 精神操纵是支"双人舞"

精神操纵如同一场复杂的"双人舞"，需要操纵者与被操纵者双方的紧密配合。操纵者，作为这场关系的显性主导者，担任着绝对权威的角色；而被操纵者的每一次顺从，无疑为操纵者的行为提供了积极的反馈，推动这段关系不断向更深层次发展。在此过程中，被操纵者无形中成为这场操纵游戏的"共谋"。

操纵的手法多种多样，如同一种潜伏期长的慢性病，初时难以察觉，待到发现时往往已深陷其中。对被操纵者而言，这种操纵关系所带来的焦虑和烦恼会从心理层面逐渐侵蚀到身体，导致他们在一次次的被操纵和被剥削中逐渐失去反抗的能力。

在我接触过的被操纵者中，不乏事业有成、魅力四溢的精英人士。然而，他们一旦陷入情感操纵的漩涡，便会逐渐失去自我认知，自信也随之土崩瓦解。无论他们曾经多么坚强勇敢、充满活力，最终都可能陷入极度的痛苦和自我憎恨之中。

## 手握牢笼钥匙的囚徒

操纵者通过影响他人思维并改变他人行为以服务于自己的目的。若"改变他人行为"无法达成，那么操纵自然也就失去了意义。在操纵关系中，被操纵者被迫接受操纵者强加的思想或行为。只要被操纵者持续容忍这种剥削和控制，这种不健康的关系就会在他们之间持续存在。

被操纵者既是操纵者的囚徒，也是自我囚禁的狱卒。精神操纵虽然形式多样，但究其本质，都是需要双方共同参与的。这意味着，启动这种关系的钥匙实际上掌握在被操纵者手中。

有些被操纵者试图通过简单的沟通来指出操纵者的霸道行为，并表达自己在这种关系中的不满和不公。然而，这往往无法改变操纵者的行为。因为在操纵者的观念里，只有利益和目标才是最重要的。他们就像是以目标为导向的棋手，又怎会关心棋子的内心感受呢？

操纵之所以能够得逞，是因为它往往经过精心的设计。作为被操纵者，一旦掌握了反操纵的能力，就能打破这种关系的权力平衡。当你不再按照操纵者的期望去配合、屈服或妥协，当他们的威胁、恐吓或软硬兼施对你不再有效，当你对他们的操纵手段无动于衷时，你就已经单方面改变了这种关系的性质。

## 情感操纵比你想象中更常见

情感操纵者常常采用误导、扭曲事实、贬低、否定行为、转嫁责任，甚至曲解被操纵者的感受与想法等手段，以实现其情感操纵的目的。在这个过程中，被操纵者往往会经历一系列心理变化：最初可能觉得操纵者的行为令人难以置信，随后开始怀疑自己的判断和感受，逐渐变得敏感自卑、无助失措，最终自我洗脑，只能遵从操纵者的指令行事，沦为一具"活着的傀儡"。

既然操纵行为如此可怕，为何操纵者没有及时察觉呢？

这主要是因为，对于大多数操纵者而言，"操纵某一个人"并非他们的初衷。很多时候，操纵者自己都没有意识到他们的行为已经构成了一个操纵循环。毕竟，很少有人会精心策划如何折磨和虐待自己爱的人。

人们在投入"爱"的旅程的初期，总是满怀"为了爱你，我可以付出一切"的信念。然而，在经营情感的过程中，一部分人逐渐要求对方支付"爱的薪资"，以爱的名义进行"索取"和"要求"，做着自认为"对你好"的事情，最终演变为"如果你爱我，就应该听我的"。

当然，也有一些操纵者清楚地知道自己对对方具有强烈的操纵欲望，但他们从未关注过自己的行为可能产生的负面影响。这种情况在亲子关系和伴侣关系中尤为常见。为了在被操纵者心中占据权威地位，操纵者会习惯性地对被操纵者进行打压和认知否定，使被操纵者对他形成一种不正常的心理依赖，从而全盘接受操纵者的各种安排。

让我们稍事回忆，你是否也曾听到这样的言论——

"你也太差劲了，怎么连这点小事都做不好？"

"你脾气这么差，除了我有谁能忍得了你？"

"为什么你总是疑神疑鬼的？我都跟你说了不是这样的！"

"你胸好小/腿好粗啊！你该庆幸我不介意。"

"你爱我的话，就应该为我改变，除非你不爱我，是在骗我。"

"我是你爸爸/妈妈/男朋友/女朋友/老公/老婆啊！你不相信我，难道去信一个外人？"

当这些话语从我们身边亲近的人口中反复说出，我们会在无形中开始相信他们的评价——

"我真的很没用，什么都做不好。"

"我脾气坏，又多疑，身边的人能包容我真是难为他们了。"

"我又胖又丑，没人会喜欢我。"

"为了我爸爸/妈妈/男朋友/女朋友/老公/老婆，我必须按照他们的期望去做。"

帕萃丝·埃文斯（Patricia Evans）在她的著作《不要用爱控制我》中提到："如果我们总是接受别人对我们的定义，就会相信他们的评价是真实的。"

不论是否出于主动的情感操控，这些语言和行为的背后，都隐藏着操纵者想要将你塑造成他们期望的样子的意图。如果你轻信了这些言论并因此产生了负面情绪，那么这些偏颇的言论将对你产生深远的影响。

需要强调的是，我并非要大家全盘否定他人的批评。正向的、建设性的批评是有助于我们的成长和发展的。然而，持续的负面评价却会严重打击我们的自信心。因此，我们需要学会分辨，并保持对自己的真实认知。

# 第二章

# 图谱：这样的你，正在成为被操纵者

# 木盒中的女孩

1977年5月，美国俄勒冈州的年轻女子科琳·斯坦在搭便车后神秘失踪，让她的家人和朋友焦虑不已，四处寻找却无果。然而，4年后，她竟然愉快地带着她的"未婚夫"卡梅伦回到了家中。在家人的欢声笑语和祝福中，他们拍下了一张面带微笑的合照，看起来甜蜜又幸福。

之后，科琳便和卡梅伦一起离开了。在父母的眼中，是这对情侣要去过自己的生活了。又过了3年，1984年8月的一天，她独自回家了。这7年来的经历，她对家人缄口不言，却频繁给曾经深爱的"未婚夫"卡梅伦打电话和写信，诉说她的相思之苦。

父母觉得她的行为有些怪异，却并不知道问题出在哪里，直到警察的到来才揭开了惊天的秘密。

原来，在这失踪的7年里，科琳一直被囚禁在一个狭小且不见天日的木盒中。这个木盒就像一口棺材，令人窒息。而囚禁她的人，竟然是她曾深爱并希望与之共度一生的"未婚夫"卡梅伦。

事情的真相远比想象中更为残酷。7年前，科琳搭上了卡梅伦及其妻子的顺风车，却遭到了这对夫妇的绑架。她被囚禁在床底下的一个木盒中，像奴隶一样受到了非人的待遇。她遭受了虐待、电击、威胁和欺骗。

卡梅伦对她进行日复一日的精神洗脑，强迫她屈服、顺从，还让她签下合同，自愿成为奴隶。科琳在长时间的折磨和虐待中，丧失了反抗的勇气。当卡梅伦把她从木盒中放出来让她活动时，她甚至把这短暂的活动时间当成卡梅伦对她的"解救"。日复一日，科琳竟然爱上了这个将她推入深渊的恶魔，甚至渴望能与绑架犯卡梅伦结为连理。

科琳之所以能够逃脱，是因为卡梅伦的妻子察觉到了她和卡梅伦之间不寻常的情感纠葛。她趁卡梅伦外出之时，将科琳赶出了家门。而报警的导火线则是卡梅伦在科琳逃跑后又开始寻找新的猎物，这激起了妻子的嫉妒和怒火，她决定揭露这个恶魔的罪行。在后续的调查中，人们震惊地发现，告发卡梅伦的妻子竟然也是受害者之一，同样饱受卡梅伦的摧残和折磨。

这起事件在社会各界引起了巨大的震动。经过深入研究，学者们发现，由于信息的局限，受害者往往在加害者的不断强调下，深信加害者掌握着他们的生死大权。这种信念导致受害者将生命权完全托付给加害者，甚至将加害者提供的食物和水视为恩赐，就连呼吸的空气都仿佛是加害者赐予的生命必需品。对加害者的恐惧逐渐转化为感激和崇拜，最终受害者会下意识地认为只要加害者安全，他们自己也就安全了。

这种情况并非孤例，在许多情境中都有出现，如家庭暴力中的受虐妇女、集中营中的战俘以及乱伦关系中的被动方等，他们都可能对施暴者产生依恋情感。

加害者在虐待的间歇期满足了受害者的基本需求，如提供食物和水。这或许是出于本能反应，受害者被迫接受了加害者的扭曲逻辑——顺从是生存的唯一途径。这与人类驯化动物的过程相似，通过奖励和惩罚来建立依赖关系。当动物和人类都陷入这种求生逻辑时，动物对主人的感情便油然而生。在人类社会中，这种逻辑则演化为君臣关系，甚至在近现代心理学中出现了"人类可以被驯化"的理论。

抛开极端现象，在我们的日常生活中，依然时刻在上演着"操纵与被操纵"的戏码。

我们很容易受到周围人的影响，尤其是同龄人的影响，这种现象被称为"同伴压力"，它其实是一种普遍存在的、正常范畴内的操纵现象，具体表现为顺从或从众。

由于人类是群居动物，早在远古时期，男性就需要集体狩猎以确保生存，而女性则需在部落中相互协作照顾孩子，维持良好的人际关系，以免被孤立。这种渴望被认同的心理需求，深深根植在我们的基因之中。

然而，某些操纵手段可能会令人陷入精神被掌控的困境，这种操纵显然超出了可接受的界限。

在现实生活中，几乎没有人会坦然承认自己有控制欲，同样，也很少有人觉得自己喜欢被他人操纵。

值得注意的是，如果遇到一个目标清晰、善于掩饰的操纵者，并在特定环境下，大多数人恐怕都难免成为被操纵者。这就像是一场打地鼠游戏，总有一些人，他们如同游戏中的那只醒目的地鼠，让手持榔头的操纵者一眼就能瞄准——这些人似乎特别容易被操纵。

## 谁，会是操纵者手中待宰的羔羊

前面已经提及，操纵关系的形成实际上是操纵者与被操纵者之间的一种"共谋"，然而，这种"共谋"却是建立在单向剥削和不平等供养的基础之上。在这种关系中，被操纵者的存在价值似乎仅限于被无休止地利用和消耗，这常常导致他们陷入自我怀疑与自我否定的漩涡。

令人讶异的是，有些人即便意识到这种关系的不健康性，却依然无法自拔。操纵者就如一块巨大的磁铁，将被操纵者紧紧吸附，为之遮风挡雨、提供所需的能量。

被操纵者往往没有意识到，他们的每一次顺从，实际上都是对操纵者行为的默许和鼓励。因此，只有操纵者真正认清自己和自身行为，才能深刻理解这段关系，并打破被操纵的魔咒。

在本章中，我们将深入探讨那些容易吸引操纵者的个性和倾向，希望帮助你更清楚地认识到自己身上可能存在的令操纵者垂涎的特性。在此过程中，你可能会惊讶地发现，自己就属于其中的某一类型，甚至可能是多种类型的结合，这意味着你被操纵的风险可能会成倍增加。

但请不要因此而感到惊慌。我们的目的并非为你贴上任何标签，而是希望你能更深入地了解自己，认清自己是否因某些特质而成为操纵者的潜在目标。

## 过度重视别人看法的人

你是否曾经历过这样的时刻？

——当你步履匆匆，鞋子不慎脱落，转身去拾时，感觉四周的目光都聚焦在你身上。

——当你尝试了一个新发型，却不尽如人意，即便戴上帽子遮掩，也总觉得旁人的目光能够穿透帽子，觉察到你的不自在。

——用餐时，不慎将汤汁溅到衣物上，之后别人的每一瞥都让你觉得是对你狼狈模样的嘲笑。

——会议中，因为紧张而失言，之后的几天里，你都沉浸在社交失误的尴尬和窘迫中。

在这些被关注的情境下，你的不安和忧虑大多源于内心深处的臆测。每当他人的视线与你相交，你总会先入为主地认为——

## 第二章　图谱：这样的你，正在成为被操纵者

**他们在审视你。**

**他们在给你贴标签。**

**他们在评判你。**

基于这样的想法，你或许会下意识地做出两种反应：一种是迅速低下头，加速离开现场，以逃避进一步的被审视；另一种是努力挺直腰杆，偷偷地检查自己的着装和发型，希望给别人留下好印象。

然而，越是关注外界的评价，你就越容易陷入自我怀疑的漩涡。

美国哈佛大学的社会心理学家丹尼尔·魏格纳曾进行过一项引人注目的实验：

他邀请了一批大学生参与，并将他们随机分为两组。在实验开始前，他特别对其中一组学生强调："不要去想白熊。"然而，实验结束时，恰恰是这组被特别告诫不要去想白熊的学生，几乎每个人都不可避免地想到了白色的熊。

这个实验揭示了一个有趣的心理现象：当参与者被丹尼尔提醒后，他们的思维产生了反弹，反而更容易想到白熊。这种反应在心理学上被称为"白熊效应"或"反弹效应"。这一现象在我们的日常生活中也屡见不鲜。例如，当我们在失眠时被告知不要胡思乱想，思绪却反而更加纷飞；当我们试图戒糖时，却更渴望品尝甜食；当我们努力忘记伤心的回忆时，那些记忆反而变得更加清晰……

这种心理效应在过分在意他人看法的人身上表现得尤为突出。如果一个人非常注重他人的评价，那么当有人对他们的行为或思想提出质疑时，他们往往会过度审视和质疑自己，而不是首先为自己找到合

理的解释。这样的人在遇到操纵者时，甚至可能不自觉地按照操纵者的期望去改变自己，以达到操纵者的目标。

## 具有讨好型人格的人

近年来常被提及的讨好型人格，在学术上可被归为取悦者（People-Pleaser）这一类型。拥有取悦症的人总是习惯于在生活中取悦他人，他们内心的几种典型活动恰恰反映了取悦者们的典型思维方式。

从字面意义上看，人们可能会误以为这类人擅长帮助他人、乐于带来快乐，这听起来像是一种赞誉。然而，事实是，长期且习惯性的取悦他人的行为，其实是一种近似于强迫症的心理困扰。

取悦症的表现远不止于无法拒绝他人或总是优先为他人服务。他们对情绪过于敏感，因此极其擅长感知他人的需求，有时甚至在别人还未开口之时，他们就已经感知到并因此产生取悦他人的动力。

他们的主导思维是"委屈自己，迎合他人"，在日复一日地讨好他人的过程中，不断为自己制造压力，且这种压力难以消解。接下来，我将详细列出取悦者的主要特征，供你对照参考。

——不擅长拒绝他人，即便是让自己感到委屈的请求，也难以回绝，甚至对那些过分的请求也是如此。

——情绪极度敏感且容易受伤，总是担忧他人的负面评价，他人的一句话或一个举动都可能让自己陷入数日的情绪低谷。

——在表达自我上显得胆怯，害怕得罪人，对于自己的负面情绪选择隐藏，只在私下里默默宣泄。

——极度渴望得到认可，行为动机常常是为了满足他人的期望与赞许。

——在迎合他人方面缺乏底线，为了满足内心取悦他人的渴望，不惜牺牲自己的利益去妥协和纵容。

——过度关注自己在他人眼中的形象，总是试图维护一个老好人的社交形象，难以在社交场合中保持自然。

适度的社交讨好确实能够为你赢得良好的人缘和高印象分，但过度的讨好行为却会严重消耗你的精力和心力。

在与人交往中，你总是要小心翼翼地斟酌言辞，担心自己的行为会让他人不快。当你鼓起勇气拒绝别人时，却又焦虑地等待他们的回应，如果对方回应稍慢，你便会自责不已，怀疑自己的决定。

这样的社交模式会让你整天沉溺于揣摩他人的心思，无暇顾及自己的成长和发展。一旦遇到他人回应不及时等小插曲，你便可能耗费大量的心情和精力，陷入不愉快的情绪中。

当你身陷取悦症时，你的自尊往往建立在你为他人所做的事情以及这些事情的成功与否上。你可能期望通过对他人好来换取他人对你好，但这种交换并非总是等价的。

更为残酷的是，你的讨好行为可能会成为他人利用你的弱点。他们可以利用你渴望取悦他们的心理来操纵你，而你的固有思维会让你觉得怀疑那些你努力取悦的人是卑鄙的。

即使你意识到自己正在被操纵，你的不敢拒绝和无法说"不"也会阻止你与他们对抗。这种操纵在你放弃抵抗的那一刻便悄然开始。

## 难以拒绝他人要求的人

在我们的生活中，这种以取悦他人为处世原则的人应该并不罕见，甚至我们自己也可能在某些程度上体现出这种倾向。

以我的邻居Ａ哥为例。他在我们单元楼里是公认的老好人。每当有人遇到困难，寻求他的帮助时，他总是毫不犹豫地伸出援手，甚至对于自己无法直接完成的事情，他也会动用人脉关系尽力协助解决。

有一次，小区里评选文明单元楼，楼长不知从何处得知Ａ哥在广告公司工作，便在业主群里找Ａ哥，希望他能帮忙制作宣传物料。面对这个请求，Ａ哥面露难色地表示最近公司事务繁忙，可能无法胜任。楼长没有再回应，而群里的一些人也表示理解。原本以为这件事就此告一段落，但令人意外的是，两天后，A哥竟然在群里分享了物料方案供大家选择。楼长看到后非常高兴，还在一旁打趣。后来我才从其他邻居那里听说，那些物料最终竟然是A哥自己出钱制作的。

过了一段时间，我在电梯里遇到了A哥，他正在接电话。电话那头传来他妻子愤怒的声音，质问他为什么明明答应了要去补度蜜月，却又突然说有工作要做。A哥小心翼翼地解释着，说是领导交代的任务实在推不了。然而，他的妻子难以接受这个解释，大声怒斥道："假都请好了，怎么还有走不了的道理？"说完这些后，她便愤怒地挂断了电话。

A哥叹了口气，尴尬地朝我笑了笑，他的脸红到了脖子根。

从这两件事中，我们可以清晰地看到A哥的主导行为模式是顺从。面对邻居的请求，即使并非举手之劳，他也会尽力满足，甚至不惜自掏腰包，以维护其老好人的形象。他害怕被邻居视为不近人情，因此总是选择顺从。同样，在面对领导的要求时，即使这与他对妻子的承诺相冲突，他也难以拒绝。他害怕拒绝领导会让自己被视为没有价值的下属，因此在权衡利弊后选择了顺从。

这种不敢或难以拒绝的人格特质，往往源于个体的不自信和对被认可的渴望。他们害怕拒绝会让自己显得没有用或不合群，因此宁愿委屈自己也要满足他人的要求。在这种情况下，家人往往成为他们认为可以相对委屈的一部分。

当我们深入探讨这类人容易被操纵的原因时，会发现这种行为模式的践行者无异于为操纵者提供了一顿丰盛的大餐。生活中的"A哥"们面对不想答应的请求时，总是难以说出拒绝的话。无论是面对同事、朋友还是家人，这个"不"字总是难以启齿。

这种情况在讨好型人格的人身上尤为常见，他们往往难以拒绝别人的请求。

同样，这种心态也存在于一些父母与孩子之间。有些父母难以拒绝孩子的无理要求，因为他们害怕孩子的泪水和尖叫，仿佛这些反应是对他们不称职的控诉。这种无法耐受内疚感的父母往往会答应孩子的要求，即使明知这些要求是无理的。而孩子则通过这种方式学会了如何操纵父母以满足自己的需求。

"拒绝"这件事对于这些人来说是一种挑战，因为它会让他们感到内疚和难以自洽。然而长期有求必应会让他们陷入一种"服从"的困境中。一旦他们试图说"不"，就会让人感到异样。久而久之，连他们自己也觉得"服从"是唯一的选择了。

从本质上来说，害怕拒绝是不自信的表现，是对自己能产生社会价值抱有疑虑，认为自己需要依靠讨好、牺牲和委屈来获得别人的认可。正如前面所讲的那样，害怕拒绝实际上也是在回避有可能出现的冲突与对抗。然而习惯行为会强化心理行为模式，你的每一次顺从都会强化自己难以拒绝的习惯，每一次的无法拒绝都会让害怕拒绝的情绪更加顽固。

至此，你那种如牛皮癣般难以摆脱的、对拒绝的深深恐惧，已经将你塑造成了一个毫无界限与防线的人；而你下意识地顺从，无异于将自己主动送上了操纵者的砧板。

那些老练的操纵者会在你毫无察觉的情况下将你牢牢掌控，并对你的自愿屈服暗自窃喜。

## 对负面情绪过度敏感的人

近期，我接待了一位来访者。他向我倾诉，觉得自己被同事伤害了。事情的起因是，同事会把自己用不完的东西送给他，这让他感到自己被轻视了。看着他失落的表情，我询问他，同事在赠送之前是否征求过他的意见。他沉思片刻后回答，确实征求过，但当同事询问他是否需要时，他因不好意思拒绝而接受了。

从客观角度来看，这种情况若发生在其他人身上，或许并不会引发被冒犯的感觉。那么，为何我的这位来访者会有如此强烈的反应呢？这主要源于他的敏感情绪和深藏的自卑感。

通过深入了解，我发现他对负面情绪的感知非常敏锐。

首先，他不敢拒绝同事的询问，担心会让同事感到尴尬，因此选择了顺从。

其次，即使在收到半新的物品后感到受伤，他依然不敢表达真实的想法，唯恐同事因此而不快。

最后，他对接受二手物品持消极态度，认为这并非出于同事的真心，而是对他的一种轻视。

他的这种害怕得罪人的心态和自卑感，恰恰容易被操纵者所利用。因为这类人往往习惯于顺从，而他们的自卑感则会使他们在得到真正想要的东西后，以极大的努力去回报对方的善意。

让我们通过几个情景来进一步探究过度敏感的人群的日常思维模式：

**情景❶**

我总是害怕别人生气。

每当察觉到他人的不满或怒气，我就会立刻反思是不是自己做错了什么。

为了避免潜在的冲突，我甚至会主动去做那些我并不喜欢的事情。我认为，这样可以减少矛盾，维持和谐。

**情景❷**

对于他人的请求，我总是难以拒绝。

我害怕一旦拒绝，会让对方感到尴尬或冒犯。

这种想法让我心存愧疚，更担心因此影响我们之间的关系，导致他们不再与我交往。

**情景❸**

有时，我会遭遇到一些冒犯行为，如过分的玩笑或身体接触。

> 尽管内心感到不适，但我往往选择保持沉默。
>
> 我担心，如果表达出来，别人会认为我反应过度、小题大做。

**情景❹**

> 在与亲近的人相处时，如果我付出了努力但他们还不满足，我会生气。
>
> 然而，在面对不太熟悉的人时，即使内心感到不快，我也会选择隐忍。

上述 4 个情景均展现了个体以他人的行为认知标准作为自身行动的指导原则。这些人在面对消极、不愉快或压力性的情绪刺激时，会表现出过度强烈的反应。由于对对方预期意志的过度关注，他们往往会在事情发生之前就预先规避掉所有可能触及的雷区行为。

认知行为治疗学家大卫·伯恩斯提出的"情绪恐惧症"概念，正描述了这种对外来负面情绪过度或非理性的恐惧。这种现象也被称为"情绪易感性"或"情绪过敏"，它可能导致个体在日常生活中对小事感到过度焦虑、压力或不安。为了避免冲突、争吵、愤怒和对抗，这些人甚至愿意付出任何代价。

在操纵者眼中，这种对冲突的恐惧成为控制他人的有力工具。只需稍加恐吓，被操纵者就可能会自主地完成操纵者想要他们做的工作。操纵者只需提高音量，暗示自己已处于愤怒的边缘，随时可能爆发。

至此，被操纵者可能已经在心中构建出操纵者愤怒的场景，为了避免冲突或操纵者怒火的蔓延，他们可能会在操纵者采取进一步行动之前就屈服于操纵者，顺从操纵者的意愿。

然而，矛盾的是，尽管被操纵者通过讨好和逃避获得了暂时的安宁，但他们却无法获得内心的平静，反而会因此感到沮丧。心理学上认为，沮丧情绪实际上是对自我愤怒的一种表现。有些人试图完全避免负面情绪，无论是来自他人的还是自我的，但这显然是不可能的。

负面情绪并非全然坏的，过度避免或掩盖它的存在反而可能是不健康的。换句话说，无底线地顺从所带来的和平并不是关系良好的证明，避免冲突的本质其实是忽视问题，纵容沟通障碍的存在。

## 对自我需求过度忽视的人

自我忽视往往暗示着个体对自我身份的模糊认知以及自我感知能力的欠缺。在这种状态下，人们如同行走在迷雾之中，难以清晰地洞悉自己的内心世界和需求。

一个人之所以能够勇于表达自己的想法和需求，是因为他对积极的回应抱有期待。这种期待源自过去无数次的积极经历，使他相信自己的声音会被重视和回应。然而，模糊的身份认同和自我感知往往可以追溯至童年时期。或许是在童年生活中扮演关键角色的人们在有意或无意间给予的负面反馈，让孩子在幼小的心灵中种下了"自己并不重要""自己的意见无足轻重""自己的才智不如他人"的观念。在这种环境下，孩子学会了顺从，认为这是他们生存的唯一法则。

对于那些难以自发表达自我需求的人来说，他们可能会陷入一种迷茫："除了为他人所做的事情，我究竟是谁，我又真正需要什么？"如果你对此感同身受，那么你可能也正身陷自我忽视的困境之中。随着时间的推移，自我的概念将逐渐缩小、变得模糊，甚至最终消失。

尼采曾言："没有自我意识的觉醒，就会沦为奴隶。"长期习惯于自我忽视的人，种种原因导致自我认知、自我价值和自我意识受到压抑或忽视，因此他们往往缺乏独立思考和决策的能力，容易受到外界的影响和操控。

当你向世界展示的是一个混乱而模糊的自我时，你无疑是在邀请那些有心之人拿起画笔，在你已经不够清晰的自我意识中肆意涂抹。身份意识的隐形和自我感知缺失的人，对于操纵者来说，就如同一个活生生的靶子，极易受到攻击和利用。

## 外控制型人格的人更容易成为被操纵者

朱利安·罗特在1954年提出了一个影响深远的理论，即人们相信自身（而非外部力量）能够在多大程度上控制生活中各种事件的结果。基于个体的思维倾向，他将人分为外控制型和内控制型，这一分类后来成为人格心理学的一个重要方面。

一个人的"轨迹"（Locus，复数"Loci"，源自拉丁语，意为"地点"或"位置"）在概念上可以是内部的（即相信自己能够掌控生活）或外部的（即认为生活受外部因素支配，个人无法影响，或机会和命运主宰一切）。

外控制型个体倾向于将日常事件的结果更多地归因于外部因素或他人的控制，而非自身的努力，他们更容易屈服或放弃。相反，内控制型个体则更可能将日常生活中的事件归因于自己的控制，他们更难被操控。

回顾前面提到的容易被操纵的几类人的特征，他们几乎都可以被归类为外控制型。这些人习惯于取悦他人，渴望得到他人的认可和接纳；他们的自我意识模糊，对自己的身份和个性缺乏清晰的认识；他们对自己缺乏信任，经常自我怀疑，并依赖他人的建议和观点来支持自己的决策；他们相信询问更多人的意见可以减少犯错的可能性；为了避免冲突，他们常常牺牲自己的利益；他们不会为自己设定界限，更不敢轻易地拒绝他人；在判断事件发生的原因时，他们往往认为是受他人控制，而自己无力改变事情的发展……这些行为无异于亲手将自己变成操纵者的俎上鱼肉。

## 你是否容易被操纵

在了解了之前所述的内容之后，你可能已经对自己是否容易被操纵有了初步的直觉。

现在，我们将通过一系列问题来进一步验证你的这种直觉。完成以下问题后，你将对自己的情况有一个更为明确的认识。

请根据你的个人经验和感受，对每个问题给出"是"或"否"的回答。确保你的回答是真实且客观的，不要有任何顾虑或偏向。

如果问题描述与你的实际情况完全或大致相符，请选择"是"；如果描述与你的实际情况完全或大致不相符，请选择"否"。

请注意，你的回答必须是明确的"是"或"否"，不要给出模棱两可的答案。

（本测试仅作为自我评估的参考工具，不能替代专业的心理咨询或评估。）

1. 我希望身边的人都能因为我而感到高兴。

2. 每当面临抉择时，我总是犹豫不决，难以独立做出决定。

3. 我需要来自别人的认可，这让我觉得我的人生很有意义。

4. 我很在意别人的看法，从外表到内心，我都希望能得到一个正向反馈。

5. 我相信好人有好报，只要我对身边的人好，他们也一定会对我好。

6. 我无法拒绝亲人、朋友、同事提出的请求。

7. 我一直在竭尽所能地满足身边人的需求和期望，因此我认为他们不应该批评我或拒绝我。

8. 我很难接受别人因为我出现负面情绪。

9. 我相信只要我答应别人的所有请求，就能收获他们的善意和好评。

10. 我的人生中出现的绝大多数事情都是别人在为我做决定，而非我自己决定的。

11. 我觉得应该按照别人的期望去做事。

12. 如果我把做事的优先级调成自己的优于别人的，那我心里会出现很强烈的愧疚感。

13. 比起要我自己做判断、做决定，我宁可让别人帮我做决定。

14. 我对自我价值的判断，来源于我是否为别人付出得尽可能多。

15. 我觉得别人会喜欢我，一定是因为我对他好。

16. 如果有人找我帮一些小忙，我基本不会拒绝。

17. 我无法自己一个人做出一些决定。

18. 我对自己的所有认知来源于别人对我的反馈。

19. 如果有人对我发怒或表现得不友好，我会很容易被唬住。

20. 认识我的人应该不会对我不满，因为我对谁都是顺着毛捋，从来不跟人发生冲突。

21. 我很希望生活中接触到我的人都会喜欢我，我很在意他们对我的评价。

22. 只要我多做一些让人开心的事情，那么就可以获得对方的认可了。

23. 我几乎不会拒绝别人的请求，即使心里很不情愿。

24. 只要能避免冲突，我一般都会选择忍一时风平浪静。

25. 我觉得如果有一天我不为家人或朋友付出了，他们可能会觉得我的存在毫无价值。

26. 在我身上发生的还不错的那些际遇，基本是因为好运气和遇到好人，和我本人的努力没什么关系。

27. 我觉得急人所急，别人的需求应当比自己的需求更优先满足。

28. 如果身处环境中的人变得急躁、愤怒，我有必要挺身而出让他们冷静下来。

29. 我听到过朋友们的家庭相处模式，他们中的大部分情况都让我觉得很不可思议。

30. 我希望基于我的付出，身边的人都会觉得我是个好人。

31. 我跟人产生矛盾的状况，基本是因为我的错。

32. 我很少质疑别人或是提出其他意见，因为这样容易引起不必要的冲突和对抗。

33. 如果我把自己的需求摆在第一位，那我得多自私啊？这样不容易招人喜欢吧？

34. 我察觉到有时候会被人利用，但我不能因为这个就做一些违背善良准则的事情。

35. 我觉得我的个人价值是以我的付出和人们的评价为准则的。

36. 我总是会根据人们对我的评价和看法去自我反省。

37. 每次要我做决定时，我都需要找一些人来帮我。

38. 我觉得我没办法控制矛盾和冲突对我产生的负面影响。

39. 在做出一些人生的重大决定的时候，我需要得到一些人的应允。

40. 我要把自己的负面情绪隐藏起来，否则我还得去解决因此引发的冲突，这样不够理性。

以上的40道题目，选择"是"的得1分，选择"否"的得0分。计算好总分，我们来解读。

**总分31~40分**　容易被操纵者。如果阅读过前文，那么拿到这个分数的你应该也不觉得意外。讨好的心态、难以拒绝的请求和无法做出的决定勾勒出你的社交境况。在你人生的大部分时间里，你可能都活在别人的操纵中，对操纵者来说，你像是白色蛋糕上红色的草莓，底色单纯，万分显眼。

**总分21~30分**　较容易被操纵者。你对自己似乎不够自信，所以有时候会对自己产生一些怀疑,较少能够坚定并维护自己的立场。因为拒绝别人的请求会让你感到不安,害怕与他人发生冲突或是想要得到别人的肯定,这让你很难做出拒绝的举动。你通常会有较多顾虑,同辈的压力、长辈的期待、伴侣的期盼等在很大程度上会影响你的判断与抉择。有讨好倾向的你,在人际交往中多数时候会选择顺着别人的意思做,比较容易被别人"操纵"。

**总分 11~20 分**　较不容易被操纵者。你对自己的想法和判断比较自信,在你的认知里,拒绝他人不会让自己觉得有负罪感,你不会把他人的需求凌驾于自己的需求之上;你对寻求他人的认可的需求是适度的,因此你不会在行为上过于顺从他人。但你仍有被认可的渴望和对他人看法的在意,取悦他人对你来说是一种有益和实用的行为。但你并不能因此放松警惕,经验丰富的操纵者依然能在特定情况下,将你控制于掌中。

**总分 0~10 分**　难以被操纵者。对于操纵者来说,你并非一个好操纵的对象,但需要注意的是,你若觉得自己完全不可能会被操纵,未必就有些盲目了。你要知道,只要你是一个有七情六欲的活生生的人,那你就无法对精神操纵完全免疫。在特定的情况下,任何人都可能会落入操纵者的陷阱,你也无法成为例外。

做完题目后,可以再回过头去看看你选择了"是"的题目。每一条问题的描述,都是对你个人特质的锚定,这将成为操纵者套住你的脖子的绳索。这些特质会如何被有心人加以利用,进而让你陷入操纵漩涡,是你需要考虑的。

（如结果与你自己或他人感知的有出入，可回忆在测试时是否有事情影响了你，或自己答题时是否有所顾虑。本结果仅供参考，不可作为临床依据。）

# 第三章

# 图谱：这样的他，大概率是个操纵者

# 煤气灯效应

在这章开篇之前,我想先讲述一部20世纪的老电影——《煤气灯下》。

孤女宝拉,在年轻的钢琴家安东热情如火的追求下,迅速与他步入了婚姻的殿堂。由于宝拉继承了家族的丰厚财产,两人的婚后生活可谓是衣食无忧。这个美好的开局,如同童话般令人艳羡。然而,当安东坚决要求搬入宝拉姨妈离世前住的那座大房子,故事的走向开始发生了戏剧性的转变。

安东以担心宝拉会因姨妈的遗物而触景生情为由,将姨妈的遗物统统锁在了阁楼上,包括许多珠宝等珍贵物品,而钥匙则由他亲自保管。但事实上,安东的目的并非那么单纯。他垂涎姨妈留下的无价之宝,每天借口外出工作,实则暗中进入阁楼翻找那些宝物。

楼里的照明由煤气灯提供,而煤气是通过管道输送的,气压有限,每当阁楼的灯亮起时,家中的其他煤气灯的煤气供应便会减少,从而导致灯光变暗。

宝拉注意到灯光总是忽明忽暗,伴随阁楼上奇怪的声音,她感到不安和害怕。每次安东回到她身边,灯光又复明,不再闪烁。她询问安东为何灯光会忽明忽暗。安东却指着明亮的灯光,反问宝拉是否看错了，甚至假意关心地询问她是否出现了幻觉。

之后，安东雇用了两个仆人，并向她们暗示宝拉的精神状态欠佳，嘱咐她们尽量减少宝拉的外出。

宝拉对安东"想要享受二人世界"的借口深信不疑，因此也尽量配合着减少外出。每当她感到烦闷，想要外出透透气时，也总是需要安东的陪同。在出门前，安东提醒她，最近她的记忆力有所下降，总是遗忘东西，同时又赠送她一枚家传的胸针，并嘱咐她要小心保管。

果不其然，在游玩途中宝拉找不到那枚胸针了。回家后她满怀愧疚地向安东坦白。然而安东并未因此动怒，反而安慰她不必太过自责。面对安东的宽容大量，宝拉的愧疚感愈发强烈。之前还需要安东提醒少出门的她，现在自己都不敢再随便外出了。

随后的日子里，宝拉陷入了两难的境地：她渴望外出，却又担心因健忘而闹出笑话。家中的女佣像对待孩子般地照料她的日常琐事，使她整日赋闲在家，无所事事。当她向丈夫提议让女佣们少做些事情时，丈夫却并不同意。宝拉坚持认为，自己应该做一些力所能及的事，这是对女佣们的公平对待。

安东无法反驳她，却转而与来送水的女佣调情。宝拉心生不满，与他争辩起来。然而，安东却瞬间变脸，忧心忡忡地问她是否又开始胡思乱想了，他坚称自己只是在与女佣进行正常的交流。

面对丈夫关切的目光，宝拉再次感到无力反驳，开始深刻反思自己是否真的又在幻想。当安东提出一起出门看歌剧，她甚至开始自我怀疑——是否安东之前已经提过要出去，而她自己却忘记了？

安东询问宝拉墙上的挂画的去向，宝拉却一无所知。安东神情变得严肃，而仆人们则纷纷发誓保证自己没有偷窃那幅画作。无奈之下，宝拉只好在房子里四处寻找。最终，在楼梯的角落中，她找到了那幅熟悉的画。安东立刻指出，如果不是她藏的，画又怎么会被她找到？

在这样一次次的精神摧残下，宝拉终于痛苦地意识到，自己可能真的疯了。

这是由乔治·库克执导，上映于1944年的电影《煤气灯下》。

这部电影影响深远，电影中所描绘的情节衍生出了一个心理学名词：煤气灯效应。

这一术语描述了受害者在精神操纵下逐渐失去自我认知，开始怀疑自己的记忆、感知乃至理智的现象。煤气灯效应正是源于电影中安东对宝拉实施的心理操纵，如今已成为心理学领域中备受关注的研究课题。

这种精神操纵手段极其险恶，它通过扭曲受害者对真实世界的认知，对受害者逐步实施心理操控和洗脑。操纵者长期向受害者灌输虚假、片面或具有欺骗性的话语，进而使受害者陷入自我怀疑，开始质疑自己的认知能力、记忆及精神状态。最终，操纵者的目的是完全掌控受害者的思想和行为，这无疑是精神操纵的典型案例。

# 谁，是正在伸出魔爪的操纵者

在前面的章节中，我们已经详细剖析了那些容易成为被操纵者的个体的性格特征。现在，为了更全面地了解这一现象，我们将深入探讨那些倾向于成为操纵者的个体。这些操纵者通常隐藏在我们中间，平时可能以温和、友善甚至是热心的面貌出现。然而，他们内心深处却怀揣着各种动机，这些驱使他们伸出操纵的魔爪。我们将一同揭示这些操纵者的真实面目，以及他们潜藏在我们之中的方式。

## 极端目标导向者

20世纪70年代，心理学家理查德·克里斯蒂与其团队揭示了一种特殊的人格类型。从心理学的视角剖析，这类人格往往具有自我中心、利他主义、争斗性强以及缺乏同情心的特质。他们往往将个人利益置于至高无上的地位，而对他人的福祉漠不关心。在处理事务时，他们倾向于采用强硬和果断的手段以实现个人目标。

理查德等人将这种独特的人格命名为"马基雅维利人格"，这一命名源于16世纪的政治哲学家马基雅维利。此名词通常指代那些为达成目标不择手段的极端目标导向者。

在理查德关于"马基雅维利倾向"的实验中，高度具备这种倾向的个体通常不受规则束缚，他们精于激发他人的情绪反应，并能以可预测的方式影响他人，从而达到操控他人的目的。值得注意的是，他们的行为手段常伴随着欺骗、自私和利用。

"马基雅维利主义"源于马基雅维利的观点，他认为君主为了达到统治的目的，应当摈弃道德，运用权术，采取背信弃义、残酷无情、搞阴谋诡计等各种手段，以"目的总是证明手段是正确的"为原则，他们信奉将他人作为获取个人利益的工具，利用他人来达成自己的目的，马基雅维利主义后来被某些帝国主义者和法西斯主义者利用，作为他们实行独裁统治的理论根据。马基雅维利主义反映了资产阶级唯利是图、玩弄权术的本性。

**识别马基雅维利主义倾向者的两条规则——认同与反对。**

**认同**

——语言是控制人的关键，只要将情况描述成他们乐意听到的样子，他们就会心甘情愿成为你的盟友。

——没有人值得你完全信赖，因为每个人都有其做事的目的与动机，保持怀疑才是明智之举。

——人性本恶，有的人看起来总是很善良，只是因为还没有遇到诱因。

——真正的资本家应当在每一个厂房都装满摄像头，因为没有督促，工人们只会浑水摸鱼。

——如果一切都按部就班，跟着规矩走，那永远都不会有出头之日。

**反对**

——人不应当撒谎。

——人性本善，大部分人都抱有善良的心。

——违法乱纪的事情不能做，超出道德准则的事情也不可以做。

——人需要保有良好的信誉，说出的话必然要做到。

——为了完成目标需要以牺牲别人的利益为代价，这种事最好不要做。

## 自恋型人格障碍者

在 2005 年 2 月 26 日，美国堪萨斯州威奇塔市的警方发言人向世界宣布：他们长达 30 年的搜寻终于结束，臭名昭著的连环杀手 BTK 已被捉拿归案。这位杀手在 1974 年至 1991 年期间，以相同的手法残忍地杀害了 10 人，每位受害者在生前都遭受了难以想象的痛苦的折磨。

每次犯罪后，这名凶手都会写信给警察局和电视台，详细描述他的罪行，并在信末以BTK（即Bind、Torture、Kill的缩写）署名。这种一边犯罪一边向警方挑衅的行为令人震惊。然而，由于当时的犯罪科学技术还不够成熟，警方一直未能将他绳之以法，这在一定程度上助长了他的嚣张气焰。

在连续杀害7人后，凶手甚至主动打电话给警方，告知他们新受害者的藏身之处。之后，他还寄来一个包裹，里面除了一首诗外，还列出了他为自己取的几个"喜欢"的绰号，其中"BTK杀手"最为人所熟知。

面对凶手的嚣张挑衅，警方束手无策，只能公开案件信息，提醒民众提高警惕，做好自我保护。在接下来的7年里，凶手没有再犯案，这让警方的犯罪专家做出了"凶手可能已经死亡"的推测。

然而，凶手似乎在沉寂7年后又重新出现，为了推翻警方的推测，他甚至将受害者的遗体绑在教堂里，拍摄了一系列令人毛骨悚然的照片，并将这些照片寄给了警局和电视台。这一行为似乎是在炫耀他的力量，并试图通过"在上帝的住所"犯下罪行来展现他的狂妄。此后，他又残忍地杀害了2人，而警方仍然无法找到有效的线索来追踪他。

在第一起案件发生30周年之际，检察官罗比·比提出版了一本关于此案的书，并在书中宣称"BTK已死"。他深知这种激将法可能会激怒这位名为BTK的罪犯。果然，图书上市后不久，

第三章 图谱：这样的他，大概率是个操纵者

当地报社就收到了一封来自 BTK 的信。

在信中，凶手对警方的无能进行了肆无忌惮的嘲讽。他表示，自己无法忍受在犯下如此惊天大案后仍然被世人遗忘的事实，这对他来说是一种极大的侮辱。

销声匿迹多年的连环杀手再次现身，这一消息犹如重磅炸弹，在社会上引发了巨大的震动。针对凶手渴望受到关注的深层心理，警方精心策划了一场盛大的记者会，主动向凶手发出交流的邀请。果不其然，这一策略迅速得到了凶手的响应。

在接下来的 10 个月里，虽然凶手并未再次实施犯罪，但他与警方之间的信件交流却从未间断。他常常通过随机放置包裹的方式，将信件传递给警方。

某次，凶手在停车场随意丢弃了一个包裹，这一举动使得监控录像捕捉到了他的黑色吉普车。之后，他在信件中试探性地询问警方，如果使用磁盘进行联络，是否会被追踪到。警方敏锐地意识到，收网的时机已经成熟。在告知凶手无法追踪后，他果然寄来了一盒磁盘。

警方的计算机专家在这盒磁盘中发现了一个已被删除的 Word 文档元数据，并从中提取了至关重要的线索。经过一系列的调查和搜证，警方的视线锁定了一个名叫丹尼斯·雷德的人。最终，在丹尼斯女儿的协助下，警方成功地将他逮捕归案。

在法庭上，丹尼斯坦白承认了自己的罪行，并详细地描述了整个犯罪过程。警方审讯的录像显示，他在描述犯罪过程时

表现得异常兴奋，手舞足蹈，毫无悔意，甚至对自己的罪行津津乐道。显然，他将犯罪视为与警方之间的一场博弈，而警方的束手无策更加深了他对自身能力的自信。

深入分析他的犯罪手法和犯案后向警方挑衅的行为，不难发现，这实际上是他对警方能力的一种蔑视。在犯罪过程中，他体验到了自己的独特性，认为自己足智多谋，甚至连专门负责打击犯罪的警方都对他束手无策。这种以自我为中心、偏执狭隘且具有外归因倾向（即将一切损失归咎于他人）的心理特征，正是自恋型人格障碍者的典型表现。丹尼斯，无疑是一个以自我为中心的病态自恋者。

根据美国精神医学学会的权威指南《精神障碍诊断与统计手册》（第五版），自恋型人格障碍的患者往往极度渴望他人的赞美和褒奖。他们在日常生活中容易表现出自我膨胀和狂妄自大的态度，并伴随着强烈的权力应得感。这种心态导致他们难以具备共情能力，对他人的需求和感受显得漠不关心。

要判断一个人是否患有自恋型人格障碍，通常依据美国《精神障碍诊断与统计手册》（第五版）的诊断标准进行评估。以下是其中的一些关键特征，若某人符合其中 5 项及以上，则可能患有这种疾病：

1. 对自身持有无限夸大的观念，过分推崇自己的成就和才智。

2. 沉迷于幻想自己拥有无尽的成功、无边的权力，同时具备卓越的才华与美貌，并通过这些魅力建立优质的社交关系，幻想着这些美好愿景实现的那一天。

3. 坚信自己与众不同，认为普通人不配与自己交往，对周围的人和事常怀不屑一顾的态度，只愿与所谓上层阶级或特殊人群打交道。

4. 极度需要他人过度的赞美来满足自我。

5. 认为自己因自身的特殊性而理应享受同等的权力和特殊待遇。

6. 深信牺牲他人的利益来满足自己的需求是理所当然的。

7. 严重缺乏共情能力，难以体会他人的感受和需求。

8. 常常对他人心生嫉妒，或者反过来，总是觉得别人在嫉妒自己。

9. 自视甚高，时常流露出骄傲和自大，对他人不屑一顾，习惯性地轻视周围的人。

在这些特征中，自恋型人格者由于强烈的权力欲，会不自觉地试图控制他人，并从中谋取利益。

## 边缘型人格障碍者

我曾受邀参加大学校园的心理健康活动，在那里我遇到了一位既困惑又苦恼的女孩A。她向我倾诉了自己糟糕的人际交往状况，以及最近让她最为头疼的一段关系——她陷入了恋爱之中。

每段恋情的开始总是美好的，A和她的男友也不例外。他们像连体婴一样时刻粘在一起，就连楼下的宿管阿姨都知道他们正处于热恋之中。然而，这样美好的时光在恋爱半年后开始出现了变化。

男友即将步入社会，作为大四学生，他因为写论文和找工作而忙得不可开交。A虽然理解男友的忙碌，但每次男友没有及时回复消息或接通电话，都会让她陷入深深的惶恐与不安之中。在这种巨大的负面压力的笼罩下，当男友再次来电时，A总是忍不住情绪失控，谩骂与诅咒的话语不受控制地从嘴里说出来。

等到情绪发泄完，冷静下来后，A又觉得自己做得太过分，于是要花上不少时间去安慰受伤的男友。男友也曾与A认真交谈过这件事，她当时能理解，但过后却依然会重复同样的行为。

最近一次与男友的争吵，是在他们心心念念已久的乐园门口发生的。A打扮得漂漂亮亮，满怀热情地站在门口等男友。电话里两人还开心地讨论着待会儿要去玩什么项目，但等到因塞车而迟到半小时的男友出现时，A已经彻底失去了进园区游玩的兴致。她认为男友迟到是因为不重视这次约会和自己的感受，这让A极度焦虑。于是A就站在园区门口对着男友破口大骂，最终两人不欢而散。

## 第三章 图谱：这样的他，大概率是个操纵者

据 A 所述，男友一直疑惑为什么她的情绪可以切换得那么快，上一秒还柔情似水，下一秒就突然爆发。由于情绪变动太大，男友甚至提出两人要分开一段时间冷静一下。这让 A 感到极度恐慌，也正是这个契机让她最终同意了男友的提议——寻求心理医生的帮助。

通过案例我们可以看到，A 的情绪似乎充满了紧张和混乱。她的情绪变更相当极端，会在原本愉快的场合上，因为内心的不安、失望将现有情绪直接推翻，直接换上另一副面孔，用鄙夷的态度或是贬低的言论来打击对方。

这个案例中的女孩 A 是比较典型的边缘型人格障碍患者。

"边缘型人格障碍"这个词，你可能在网络上也曾碰见过。当你首次遇到这个词时，或许会被"边缘"二字所误导。但此处的"边缘"，并非指物质、情绪或精神疾病的临界状态。实际上，边缘型人格障碍是一种特定的人格模型，其核心特征在于情绪的剧烈波动与不稳定。

你是否注意到，A 的不安与失望多半源于一种感觉——自己"被忽视"或"被抛弃"？

边缘型人格障碍者极度恐惧被遗弃，他们的神经敏感脆弱，远胜于常人。任何暗示拒绝的信号，都可能触发他们的情绪失控，然而当激烈的情绪褪去后，他们又会深感愧疚。

心理学家马莎·莱恩汉曾如此描述边缘型人格障碍："这类患者，就像是一个身体 90% 面积被严重烧伤的人，他们的情绪缺乏表层的保

护，即便是轻微的触碰，也会带来难以承受的痛苦。"

根据美国《精神障碍诊断与统计手册》（第五版）的定义，边缘型人格障碍者符合以下 5 项及以上特征——

1. 对于"被抛弃"这件事非常恐惧（即使只是想象）。
2. 与他人关系不稳定，难以维系长期关系。
3. 自我认知不稳定，时常会进行自我怀疑。
4. 有着可能导致危险后果的冲动行为，比如过度消费、不安全的性行为、滥用药物或鲁莽驾驶。
5. 有自残乃至自杀的冲动。
6. 情绪起伏大，经常在多种情绪之间快速切换。
7. 长时间地觉得空虚无聊。
8. 愤怒的情绪会被无限放大，常因为一件小事大发雷霆，同时伴随着内疚情绪。
9. 有着分离性感觉或"灵魂出窍"的感觉，以及带有压力的偏执性想法，严重的压力也会导致短暂的精神病发作。

看到这里你可能会问：边缘型人格障碍者长期处在焦虑、沮丧与充满敌意的情绪中，持续的负面情绪让他们的生活变得一团糟，他是怎么进入操纵者名单的？

我会告诉你，他们用于操纵他人的手段，恰恰就是他们的易怒多变。

人性的矛盾与复杂，往往是一眼无法看透的。边缘型人格障碍者的极端性格往往会让他们身边的人觉得自己遭受威胁或冷暴力等不公平的待遇。边缘型人格障碍者更多的是利用一种情绪勒索的手段来辖制对方,以达到控制和利用他人的效果。

## 表演型人格障碍者

我曾经接到过一个来自意大利的来访者的自述。

"男友太喜欢'秀恩爱'了怎么办",女孩想咨询的是这个问题。她坦言,男友真的太过喜欢"秀恩爱"了,情况包括但不限于在朋友的婚礼上向她求婚,在公共场合逼迫她做一些过分亲密的动作,在社交平台上频繁地发两人亲密的亲吻照,等等。

男友A似乎从始至终都保持着一种"不顾他人死活"的"秀恩爱"的态度,女孩也深以为然,认为男友是个"恋爱脑"。

了解过后我发现,她与男友开始关系的方式有些耐人寻味。

事情发生在她去意大利读书的第二年,由于她与A是在某个中国留学生的小圈子里认识的,也算聊得投机,所以时常会一起结伴出去吃饭、游玩,消遣周末。

有一天,他俩和几个同学一起在当地非常热闹的景点游玩,A忽然从一旁的花店里抓起一大把鲜花,在热闹的街道上单膝下跪,大声用意大利语告白。

女孩性格一向比较内向，看到这个场景也蒙了，加上周围瞬间涌来一群人围观，人手一台手机，对着他们就是一顿拍照。

由于女孩跟A原本并非暧昧关系，她的内心是拒绝的。可跪在地上的A一副不答应他就要跪到死的架势，让女孩彻底没有后退的空间，只好在半推半就中默认了这段关系的开始。

女孩最无语的是，A随手抓起来求爱的那束花并未给钱，花店老板上来要钱时，他居然大声高呼"老板送花好大方"，让大家多多光顾老板的花店。老板被架起来也放不下，只好骂骂咧咧地走了。

我们在咨询中也经常会遇到"恋爱脑"的来访者，但是并不是所有的"恋爱脑"都是重感情的人。有的"恋爱脑"背后的深层原因可能是表演型人格障碍，例如这个案例中的A。

所谓表演型人格障碍，重点就在"表演"二字，他们会试图以一种不同寻常的方式来引起他人的注意。由于这种人格在25岁以下就开始形成并显现，年轻男女在爱情上体现出来的执着与普世意义上认为的"恋爱脑"有许多相似之处，所以这部分人经常会被外界误认为用情过深。

回到案例中，A选择的求爱方式极具戏剧性，在公共场合向心仪的对象表达爱意，伴有送花和单膝下跪等夸张的仪式，这种行为本身就很容易吸引周围人的注意。

并非说公开求爱的就都是表演型人格障碍者，但在这个案例中我们需要注意两个点：

一是本身当时女孩与他的关系并未发展到求爱的地步，他的求爱对女孩来说实际上是带有一定胁迫意味的。

二是从 A 拿走花店的花束可以看出，整件事于他自己而言也完全是偶发性事件，并在老板要求付款时，他选择了非常戏剧性的高呼来再次引起注意。

而 A 在同女孩交往后的极度热衷于"秀恩爱"的行为，实质上依然也是他在试图将他人眼光聚集到自己身上的表现。

表演型人格障碍者非常渴求别人的关注，在任何场合中，只要他不是人们关注的焦点时，他们内心就会焦灼。他们总是会试图做些什么来抢走众人的关注，就好像案例中的 A 会在别人的婚礼上向女友求婚。

根据美国《精神障碍诊断与统计手册》（第五版）的定义，表演型人格障碍者符合以下 5 项及以上特征——

1. 在自己不能成为人们关注中心的场合，感到不舒服或不被重视。

2. 外表和行为往往带有不恰当的诱惑性或挑逗性。

3. 情绪表达变换迅速而肤浅，会让人觉得善变与无内涵。

4. 喜欢将自己打扮得很突出，并利用这个来吸引他人的注意。

5. 说话方式夸张，且经不起推敲。

6. 在表达自我的时候很夸张，具有自我戏剧化、舞台化和夸张的情绪表达特征。

7. 容易受他人影响。

8. 常常认为自己和别人的关系比实际上更为密切。

表演型人格障碍者需要让自己始终处于焦点位置，因此他们具有相当的操纵性。

有趣的是，表演型人格障碍者往往同时扮演着操纵者与被操纵者两个角色。由于其独特的人格特性，他们在社交中总会展现出一些看似挑逗的行为，这不仅容易让他们操纵别人，也容易让别人以同样的方式对待他们。这种情况很容易引发性骚扰甚至更严重的问题。

表演型人格障碍者与前面提到的边缘型人格障碍者实际上属于同一集群，这一集群的特点是戏剧化的不稳定性和情绪化的表达障碍，主要与"情绪"和"关系"这两点紧密相关。这两类人格障碍者大多在童年时期经历过一定的心理创伤，导致他们缺乏安全感并极度渴求关注。

为了吸引他人的关注和目光，他们常常通过过度的情绪表达来实现这一目标。然而，在他们温柔、体贴的外表下，隐藏的并不是人们所期望看到的爱。如果说这是他们表达"爱"的一种方式，那么这个"爱"更应该与"控制"画等号。

第三章　图谱：这样的他，大概率是个操纵者

# 依赖型人格障碍者

如同它的名字一样，依赖型人格障碍者普遍存在着过分依赖他人、缺乏独立性和自主性的特质。在外人眼中，他们呈现出的形象格外顺从。

我曾经接触过这样的一个案例。

来访者Ａ是一个刚步入大学一年级的小伙子，在历经艰辛考入一所理想的大学后，却坚决要求退学并返回家中。经过家长的再三询问，才得知他之所以做出这样的决定，是因为无法适应远离家乡的大学生活。

Ａ在幼年时期曾是一名留守儿童，他的父母为了工作外出，而他则留在家乡与爷爷奶奶共同生活。老人们对他疼爱有加，无微不至地照顾他的生活起居，这种状况一直持续到他上大学。然而，考上的大学距离家乡实在太远，无法满足Ａ每周回家的愿望。这让他感到极度困扰，无所适从，情绪低落，甚至寝食难安。但Ａ也不敢向同学和老师们寻求帮助。勉强熬过开学的第一个月，到了国庆假期，回到家的Ａ无论如何也不愿再离开家去上学了。

这个案例中，Ａ对家人的依赖程度远远高于同龄人的，并因此出

现了心理障碍。根据美国《精神障碍诊断与统计手册》(第五版)的定义，依赖型人格障碍者符合以下 5 项及以上特征——

1. 在做日常选择时，如果没有别人的建议和支持，就会有问题。
2. 需要他人管理他生活的大部分重要的领域。
3. 因为害怕失去支持和认可，所以不表达不同于他人的想法。
4. 因为缺乏自信，所以无法自己独立启动项目或做事。
5. 极度需要获取他人的支持和照顾，愿意做不喜欢的任务，或忍受虐待。
6. 因为害怕不能照顾自己，所以独自一人时感到痛苦或无助；一段关系结束时，很快就寻求新的亲密关系来获取照顾和支持。
7. 不现实地沉浸于害怕被人抛弃的恐惧中。

每个人在成长的过程中都会展现出一定程度的依赖性，这是个人心理发展和社会化进程中的自然需求。然而，当这种依赖性过度发展，演变成典型的依赖型人格障碍时，就会显现出一系列特殊的症状。在这些极端案例中，我们可能会观察到所谓"巨婴"现象，即个体在心理和行为上表现出与其年龄不相符的幼稚和依赖，无法独立面对生活中的挑战。

由于过度依赖他人，他们始终无法学会符合自身年龄的决策技巧，本质上仍在拒绝成长。反过来，由于他们的不成熟和无法独立，他们更加需要依赖他人。这形成了一个向下的循环，他们自身也难以找到停止下坠的出口。

在亲密关系中，依赖型人格障碍者由于极度缺乏独立性和安全感，对分离有着过分的恐惧。他们往往会表现出过度的依赖和无原则的退让，成为所谓"无底线恋人"。他们可能会过分依赖伴侣，甚至放弃自己的原则和底线，只为了维持关系的稳定。

# 被动攻击型人格障碍者

**情景 1**

在团队合作的环境中，领导将一项繁重的任务指派给了成员 A，而 A 在任务分配时表现得十分顺从，没有提出任何反对意见。然而，在承担任务之后，A 并未迅速投入工作中，反而沉溺于手机娱乐，不断刷新热搜榜，甚至在工作时间内离开岗位悠闲地散步。此外，A 还私下向亲朋好友抱怨领导的任务分配不公，诉苦自己承受了过多的工作量。

当工作的截止时间到来，领导来检查工作进度时，惊讶地发现 A 的任务根本没有开始。面对领导愤怒的质问，A 却一副受了莫大委屈的样子，声称工作量太大，一个人根本做不完。

被动攻击型人格障碍者看起来似乎和蔼可亲、容易相处，对于他人的请求几乎来者不拒。但随着关系的深入，我们会发现他们并非表面上那样温顺包容，实际上他们内心是具有攻击性的，但他们会把这种攻击性隐藏起来。

这类人往往不会通过直接冲突来表达自己的情绪，而是采用某些隐蔽性的手段来传达不满。

在上述情景中，A 就是以拖延和逃避作为对领导任务分配不满的回应。他们借助这种间接的方式，故意激怒对方，让对方心里不舒坦，但同时自己又做出受尽委屈的样子，以避免受到直接的指责。

被动攻击行为其实属于一种程度较强的心理防御机制，被动攻击人格障碍者无法坦诚地去表达自己的情绪，只能通过被动的、隐蔽的，却极具侵略性的方式去展现自己的敌意或侵略性。这样表达往往使得对方憋屈又沮丧，最后唤起对方对他们的敌意。

### 情景 2

约会吃饭时，朋友一边点菜一边问 B 有没有想吃的或是不想吃的。

B："我都可以，看你喜欢。"

等到上菜时，B 几乎没动筷子。

由于习惯性地去否认，压抑自己的情绪，被动攻击型人格障碍者是不会主动提出自己的不满之处的。

情景中的 B 此时已经开始生闷气了，他在用"几乎没动筷子"来进行对抗，可能还会在心里面默默地给朋友贴标签，觉得这个人强势自私，压根不体谅他。

这种事情发生的次数多了，他的负面情绪发展到一定程度的时候，他会直接爆发出来，突然把你给拉黑，或者直接断联，你完全摸不着头脑，也不知道发生了什么。

被动攻击型人格障碍者最常见的对抗手段就是拖延、懒散、顽固以及故意的低效率和健忘。

而在人际关系中，他们也会通过沉默、冷暴力等消极方式抵御他人的诉求。

### 情景❸

C 在同学的邀请下，参加了联谊会。

他的内心十分抗拒，但是他的性格不允许他开口直接拒绝。

于是，出席联谊会的他缩在角落，对过来攀谈的人都冷眼相待，别人见 C 如此冷漠就也没敢再靠近。

习惯性使用被动攻击的人，他们的内心通常是非常害怕正面冲突的。所以他们通过退缩、回避、沉默这种消极的、被动的行为来表达自己的不满。而这类行为表面上看好像在退让、在忍耐，但实际上这是一种非常隐性的人际操纵，他可能一句难听的话都不说，但沉默和压抑早就在心里面控制了整个对话的情绪。

产生矛盾时，但凡你想主动跟他沟通，他要么一句话都不说，要么就说不知道、没想法，然后用很阴沉的表情去对抗你，让你察觉到他的脾气变化。这时他传达出来的意思就是"我现在对你不满"，试图通过这种方式来逼迫你妥协。

在发现消极反应无法刺激你达到他想要的效果时，被动攻击型人格障碍者往往会选择故意激怒你，让你情绪很失控，产生自我怀疑。方式多种多样，有可能是拖延，有可能是阴阳怪气，也有可能有意无意地提起一些让你不开心的话题，或是翻旧账。

总而言之，被动攻击型人格障碍者正是通过消极应对来操纵他人的。他们会看似配合要求，实际却用消极抵抗来拖后腿。这些操作的最终目的是唤起他人的失望情绪或是敌意，让他人被迫减少对他们的要求，实现他们的消极操纵术。

# A型人格者

20世纪70年代中期，美国学者M.H.弗里德曼等人研究心脏病时，把人的性格分为两类：A型和B型。A型人格者属于较具进取心、侵略性、自信心、成就感，并且容易紧张的。

由于A型人格者具有强烈的竞争意识，他们也会十分注意保持对周围环境及身边人的控制。他们与前面提到的被动攻击型人格障碍者完全相反，他们的敌意似乎一触即发，时刻紧绷的状态也会让周围的人都持续处于高压状态。

A型人格者极具控制欲，他们无须掩饰，会通过非常直接的手段来控制局面或是控制他人。但他们并非无脑操纵，他们也会通过唤起那些不希望成为其敌人的人，去做出逃避举动的间接操纵。

而A型人格者的这些做法，会让与其接触的人为了避免激怒他，而变得小心翼翼。他们的控制手段，在害怕正面对抗的冲突规避者们身上，可以达到百分之两百的效用。换言之，与其相处，会让周遭的人倍感压力与焦虑。

# 反社会人格障碍者

拥有反社会人格障碍的人，终其一生都会实行不负责任的行为模式，他们具有高度攻击性，且缺乏羞惭感，无法从经历中取得经验教训，行为受偶然动机驱使以及社会适应不良等特征，这些很可能会在少年时代就有所体现。

成年后的他们通常无视他人或公众的利益、权益和感情，只顾满足自己一时的快乐和欲望，且往往不择手段。由于他们不愿承担任何义务，所以往往会经历反复失业或多次离异。这也体现在与人交往中，他们可能经常使用欺骗手段，加上容忍力很低，如果事情并未按照他们设想的发展，他们会很容易烦躁，甚至使用暴力攻击的手段。

反社会人格障碍者通常极度以自我为中心，认为自己的需求和欲望是高于一切的。他们可能认为社会规则和道德约束是束缚自己的枷锁，会尽一切可能去规避或打破这些规则，以满足自己的需求。是以，他们在参与违法犯罪活动时毫无心理负担。

同时他们是聪明的，他们明白伶牙俐齿与散发魅力可以为他们赢得他人好感，由于心理负担小，他们在欺骗或是操纵他人的时候常常可以以假乱真。殊不知他们其实难以理解和感受他人的情感和需求，也不会考虑自己的行为对他人造成的影响。

在他们看来，他人只是实现自己目的的工具或障碍，没有真正的价值和意义。

追求个人利益的满足，而不顾及他人的利益或社会的整体利益。他们可能为了达到自己的目的而不择手段。他们没有道德感，也不会对被他伤害的人产生内疚情绪，所以也不要妄图通过唤醒良知去拯救他们。如果遇到这类人，不要犹豫，赶紧跑。

## 成瘾人格者

这种人格特征表现为对某种行为或物质的高度渴求、无法控制自己的行为以及对行为或物质的过度依赖，让他们成瘾的可能是酒精、毒品、赌博、网络游戏等物质或行为。

与成瘾人格者同处一段关系中的人，无论是在生理或是在心理上都会承受巨大的痛苦。

## 第三章 图谱：这样的他，大概率是个操纵者

成瘾人格者为了可以长期不间断地获取成瘾物，可能采用欺骗、抵赖谋取钱财，也可能采取暴力、剥削等更为激进的手段去满足他们的瘾头。

成瘾人格者的生活可能会因为成瘾这件事本身而一落千丈，但深陷其中无法自拔的成瘾人格者像只血蛭，疯狂地吸食着身边可以吸食的一切。

随着瘾头加深，他们对身边人的剥削只会更加过分。无视亲人对他们的戒断要求，还会因为瘾头在心中作祟，习惯性地去操纵其他愿意关心他们的人。

他们会将内疚、压抑、羞愧、沮丧、不安等负面情绪强压在其他人身上，深深伤害身边的人。

除非他们自愿且有决心要戒断，否则无人可以帮他们改变现状。

认清操纵者的身份，是有效规避被操纵的第一步。

在这一章中，我们列举了最有可能成为操纵者的人，也从中了解了，操纵者们往往会将操纵当作社交中的某种有效手段。

想必在了解的过程中，你可能在脑海中浮现过那么一两个熟悉的影子。在保持一定警惕的情况下，再去与之相处，起码可以在对方实施操纵手段之时快速辨别。

了解完实施操纵的人，接下来我们将继续深入了解操纵者的动机和手段，以便让我们在更早的时候就锁定目标，在操纵者开始行动之前就先"打断施法"。

# 第四章

# 操纵者的动机和手段

由于操纵者与非操纵者对世界的认知差异,他们的行为模式也大相径庭,而这种行为模式又反过来强化了他们的世界观。当他们认为现实状况未达到他们的期望时,便会采取行动来改变现状。

老练的操纵者通常会寻找积极正面的理由或借口来掩饰其真实意图。他们可能会扭曲自己在操纵关系中的行为,蒙蔽被操纵者的双眼,使其继续困于他们精心构建的精神牢笼中。在这个过程中,欺骗成为他们的有力工具。而当操纵者自己也深信自己的谎言时,这个谎言就更显得真实可信。

然而,谎言终究是假的。在本章中,我将深入探讨操纵者的操纵动机及其外在行为,以帮助你在日常生活中识别并防范他们。

## 操纵者所追求的"胜利果实"

操纵行为往往能为操纵者带来他们渴望的东西,这些东西大致可以分为以下三类:

### 满足个人目的、谋取利益

以牟利为动机的操纵行为是最常见的一种。这类操纵者通常以友善的面貌出现在被操纵者身边，他们善于利用热心、友善和乐于助人的外表来掩饰其真实动机。他们时常向被操纵者强调，他们的行为是为了帮助对方，是为了维护对方的利益。

为了展现他们的"友好"与"和善"，他们使用"甜言蜜语"作为武器。人们往往容易被他人的友善所打动，这也是为什么操纵者在初次接触时总是显得对人格外关心和温柔，因为这种方式确实有效。

为了实现操纵目的，操纵者可以说出任何被操纵者想听的话，甚至可以伪装成被操纵者想象中的正义、善良、慷慨无私的人。一些手段高明的操纵者甚至能让被操纵者因为怀疑他们而感到内疚，从而进一步陷入操纵的漩涡。

## 争夺关系主导权

这类操纵者内心常怀自卑与低自尊，然而外在表现却是极度的自信。他们的控制欲望源于对自卑和不满足感的补偿心理。他们渴望在人际交往中占据主导地位，通过操纵手段使对方屈服并任由他们摆布。

这类人对权力的追求如同海绵吸水般渴望。他们认为权力是有限的、不可再生的资源，因此在他们的人际关系中，只存在掌权者和服从者两种角色，不存在中立的第三方。在这种观念下，公平分享或双赢局面是不存在的。一旦你陷入他们精心设计的操纵关系中，他们会竭尽全力地剥夺你所有的权力。

如果他们察觉到你在试图夺权，很可能会立即采取报复行动，夺回他们认为你拥有的控制权，并采取措施进一步巩固自己的地位。

### 追求成为主宰者

这类操纵者是前一类操纵者的升级版。他们对权力的渴望如同黑洞般深不见底，需要时刻沉浸在操控一切的氛围中。一旦某个环节的控制出现缺失，他们就会像热锅上的蚂蚁一样焦虑不安。这种心态可以形容为"试图成为上帝"。

他们的病态控制欲使得他们在工作和生活中都难以保持平静。在工作中，他们容易过度管理或过分关注细节，让同事感到疲惫不堪；在家庭中，他们则像君主一样发号施令，要求家人忍受他们的"皇权"，甚至过度监视家人的行为，剥夺了家人的隐私权。

对于这类操纵者来说，控制是他们人生中最重要的事业。他们倾向于将事物划分为非黑即白的两极，缺乏中间地带。此外，这类人在个人行为控制方面往往存在问题，如酗酒，嗑药，无法控制食量或体重，以及情绪起伏较大，等等。

## 操纵者的自我认知与行为动机

为了深入探究操纵的根源，我们首先需要理解操纵者的真正动机和所求。

那么，何为操纵？简言之，就是试图引导你按照其意愿行事或阻止你做出与其意愿相悖的行为。

## 第四章 操纵者的动机和手段

从心理学角度来看，操纵者实际上是在诱导你执行那些对他们有利（但对你可能并无益处）的行为；或者，他们会设法阻止你进行他们不希望看到的活动，即便你已经开始，他们也会设法使你中断。

他们对你提出要求或给予承诺的方式多种多样，可能是直接的称赞或物质奖励，也可能是通过暗示让你觉得，不遵从他们的意愿可能会导致某些损失或错失良机。

重要的是要认识到，操纵者总是将自己的利益置于被操纵者的利益之上，这是一条普遍且恒久的规律。

以谋取私利为目的的操纵者，他们明白自己的操纵手段会给被操纵者带来什么样的影响。那些手段高明的操纵者往往善于掩饰自己的行为动机。他们可能会曲解自身行为的原因，甚至将其精心包装，使人难以窥见真相。

更为复杂的是，有些操纵者可能自我欺骗到如此地步，以至于连自己也相信了自己的谎言，这无疑增加了我们分辨其真实身份的难度。

人们通常更愿意以善意去揣测他人的动机，希望通过"唤醒良知"来提醒操纵者。我们以为，只要让操纵者意识到他们的行为可能侵犯了他人的权利，他们就会停止操纵。但事实往往并不如我们所愿。

从心理学的角度来看，如果操纵者对自己的行为有着清晰的认知，并且故意为之，那么他们的行为与认知就是一致的。在这种情况下，操纵者是最不可能改变的。

在操纵关系中，操纵者本身也时刻受到自己行为的影响。如果他们的操纵行为得到了正面反馈，这无疑会强化他们的操纵行为，使他

063

们更没有动力去改变。只有当操纵行为无效，或者被操纵者失控，无法满足其获取利益的需求时，即获得负面反馈时，操纵者才可能考虑改变。

你或许认为人性不会如此恶劣，但如果操纵者并不认为自己的行为是作恶呢？这类操纵者往往具有强大的自我行为合理化能力，他们会将自己的所有行为都归类为"出于好意"。

这种"好心"的做法往往只有在操纵不再有效时才可能改变。然而，已经形成的价值观很难因为一点挫折就发生大的改变。这里的改变大多指的是改变操纵手段，或者离开当前的关系，寻找新的被操纵者，而不是将操纵者转变为非操纵者。只要操纵再次有效，或者出现新的有效操纵手段，他们会毫不犹豫地抓住并加强操纵行为，让被操纵者彻底失去挣扎的能力。

与这类操纵者相比，另一类操纵者显得更加人性化。他们对操纵本身并没有太清晰的认识，操纵行为对他们来说只是应对焦虑和恐惧的一种手段。他们的行为与认知并不完全一致，因此当他们意识到自己的操纵行为时，内心的冲突可能会成为"唤醒良知"的动力。

然而，需要注意的是，由于操纵者普遍缺乏同理心和共情能力，即使他们意识到自己的行为正在伤害他人，也不一定愿意改邪归正。因此，我们不应该在他们能够回归正途上寄予太多希望。

这两类操纵者虽然内心动机不同，但本质上没有区别。所以，如果想要摆脱一段操纵关系，关键不在于如何感化操纵者，而应该从被操纵者本身入手——让操纵者的操纵手段失效，无法满足他们的需求。

这样，操纵者在失去对你的操纵感后，就会主动放弃这段关系和你这个"猎物"。

这就像那句俗语说的——"你喜欢什么？我改就是了。"

## 操纵者眼中的世界

前面我们曾提及，操纵者倾向于以一种二元对立的方式来观察世界，即非黑即白的视角。在他们看来，要避免成为任人摆布的傀儡，就必须成为操纵者。这种思维模式下，人际关系被简化为两种角色：操纵者与被操纵者。

那么，究竟何为操纵者，何为被操纵者呢？

在他们的世界观里，操纵者是那些手握权力的人，而被操纵者则是权力被剥夺、无法自我掌控命运的人。在这种观念下，双方平等的交往模式变得难以想象，因为"公平"这个概念在他们的世界中仿佛来自外星，平等与共享的关系超出了他们的理解范畴。

第一，他们否定公平的存在，也因此无法真正尊重他人。

由于操纵者将人际关系严格划分为操纵与被操纵，生活中便自然而然地存在着胜利者与失败者。对他们而言，这不是一个复杂的化学方程式，而是一个简单的零和游戏：有人赢，就有人输。他们坚信权力是有限的，给予他人权力就意味着自身权力的减少。因此，在操纵者的生活中，竞争与敌对关系远多于常人。

第二，他们的世界中只有利己，没有利他，非赢即输，共赢是不可能的。

第三，大多数操纵者相较于普通人缺乏基本的同理心和共情能力。他们无法敏锐地感知他人的感受，或者说他们根本不在意他人的感受。在一个以极度自我为中心的世界里，自己以外的人都只是工具人。简而言之，就像你不会对帮你拧紧螺丝的螺丝刀产生同情一样，对于操纵者来说，其他人的存在也仅仅是一把会自主吃饭、睡觉的螺丝刀而已。

第四，我们可以理解为，操纵者在执行其操纵计划时会心安理得，因为他们视所有被操纵者为他们的仆从。

第五，操纵者无法信任他人，因为在他们的世界观里，不存在互利互惠，唯有成王败寇。

基于以上分析，我们可以大致勾勒出一个操纵者的形象：他们自我崇拜、贬低他人、坚持非赢即输的观点，并认为世界上只能有一个主宰。他们甚至相信，只要有机会，其他人的想法也会变得和他们的一样。这种信念源于他们采用了心理投射的防御机制。

操纵者认为其他人和他们一样以自我为中心，渴望受到万人的崇拜。由于这种心理，他们在人际交往中难以信任任何人。每当需要在合作与竞争之间做出选择时，他们总是会毫不犹豫地选择竞争。

# 操纵的前提

是否曾有那么一个瞬间,你心生疑虑:

你的思维和观念,是发自你内心,还是被某种外力刻意塑造的呢?

从呱呱坠地起,你是否就一直在接受着他人的精神引领?

而当这种精神引领深入骨髓时,你或许会不自觉地按照他们的期望来规范自己,甚至主动成为他们心目中的那个"模范"。

提及此处,你脑海中首先浮现的可能是那些和蔼或严厉的父母、师长。但请你的思绪再飞远一些,假如影响你的不是这些自幼信赖的人,而是人生旅途中偶遇的像指路明灯一样的"智者"和"贵人"呢?

生活往往难以一帆风顺,无论是家庭琐事、事业挑战,还是精神的空虚与寻求,当困境来临,你总会渴望迅速摆脱现状。

那些洞悉心理学玄机的"智者",总能精准捕捉到你内心的失衡与迫切,他们用关怀与激励悄然瓦解你内心的防线,不仅为你描绘出一幅灿烂的未来图景,还会亲手将这块"大饼"递到你嘴边。

上当受骗者并非仅限于缺乏经验的年轻人、退休老人或知识储备有限者,即便是社会眼中的成功人士,也难以完全幸免。

你或许会突然意识到,并因此而感到恐惧,精神操纵如同一只无形的大手,潜伏在我们生活的周围。不论男女老少、精英或普通人,都可能成为其目标。然而,实施精神控制并非易事,它需要特定的条件和环境。

## 创造恐惧与无能感的同时,提供依赖性

在我居住的区域,曾开了一家颇具规模的健身房。开业初期,其宣传广告在周边小区和商场内铺天盖地地播放。虽然我常常能看到这些广告,但一直未曾认真关注,总觉得它们与电视剧中插播的广告无异,令人不胜其烦。然而,某次在等待奶茶的无聊间隙,我无意间瞥了一眼这些广告,没想到这竟成为我拎着高热量的奶茶走进健身房的契机。

广告中的模特们身材完美,面带微笑,他们摄入健康的食物,在健身器材前尽情挥洒汗水,之后对着镜子欣赏自己更加精神焕发的模样。

在旁边的对照组模特则吃着油腻、甜腻的美食,一坐下就显露出明显的肚腩上的"游泳圈",工作中也显得力不从心。我站在这组广告旁边,心生羞愧:对照组模特所展示的不正是我自己的写照吗?

那段时间,我开始感受到岁月不饶人的残酷现实。稍微多吃一点儿就会发胖,工作稍忙一些便感到疲惫不堪。尽管明知这是广告宣传的手段,但我还是心动了。拿完奶茶后,我决定

去健身房一探究竟。

当我踏入健身房时,一位身材魁梧的工作人员热情地迎了上来,为我详细介绍起健身房的各项设施。入门处便是一面装饰有毛毡的墙面,上面钉满了学员们的健身照片。教练骄傲地介绍说,这些都是他们的学员,从最初的模样蜕变成如今的健美身姿,健身前后对比与广告中的两组对比照如出一辙。

在详细了解了健身器材和健身环境后,工作人员表示与我很有缘分,可以免费为我检测体脂并分析肌肉脂肪分布。对于从未涉足健身房的我来说,这是一次全新的体验。既然是免费体检,我自然跃跃欲试。然而,看着工作人员面色凝重地拿着分析单,我变得忐忑不安。他逐项分析了我的身体状况,虽然我没能完全听懂,但明白了一个事实:如果不加强锻炼,我将伴随着萎靡的精神和臃肿的身材迅速老去。

他严肃地指出,这些问题正是导致我身体状况不佳的症结所在,并强调只有通过改变不良习惯才能改善身体状况。他们健身房拥有专业的教练和营养师团队,只要我成为会员,就能得到他们的专业指导,从而快速改善身体状况,避免走弯路。于是,当我拎着一口未喝的高热量的奶茶离开健身房时,手中已经多了一张花了几千元办理的会员年卡。

在上一章节中,我们阐述了操纵者可分为有意识与无意识两类,尽管他们的动机可能有所不同,但他们所采用的策略却异常相似。美国知名心理治疗师香农·托马斯在《治愈隐性虐待》一书中指出，那些热衷于精神操纵的人通常会打着"为你好"的旗号，利用你对他们的好感、信任或依赖，诱导你做出对他们有利的行为。

这种心理操纵策略在生活中屡见不鲜。以销售健身卡为例，其手段就是在制造恐惧感和无能感的同时，提供一种依赖性。操纵者首先描绘一个美好的愿景来吸引你，然后贬低你当前的生活状态，最后宣称只有依赖他们才能改变现状，从而诱导你加入他们指定的组织或活动。接下来，我们将结合前面的案例，逐一剖析这种操纵手段。

### 1. 展现诱人前景

宣传广告中的模特以他们近乎完美的身材、充满活力的精神风貌和健康的生活方式吸引着我们的目光。这些看似触手可及的美好，在现实生活中却往往难以实现。广告商巧妙地利用这种理想与现实之间的差距，让我们对广告中的生活心生向往，却又感觉遥不可及。

### 2. 对现实的负面描绘

为了加深你对那美好前景的渴望，他们会刻意拉大你与这种美好的距离。就像健身房工作人员热情地为你进行体脂测试，其真正目的可能在于强调你精神不佳、身材欠佳，从而进一步激发你的焦虑感。这也正是吸引你走进健身房的一个重要策略。

### 3. 美化未来承诺

从你踏入健身房的那一刻起，墙上挂满的学员成功蜕变的照片就在默默印证着广告的真实性。在交流过程中，教练会不经意间透露他们的专业资质和经验，而工作人员健硕的身材也仿佛在告诉你："加入我们，你将收获颇丰。"这一切都在暗示你，只要成为他们的一员，美好的未来就触手可及。

### 4. 责备个体缺陷

为了增强说服力，工作人员会拿出详尽的体测报告，让你不得不相信自己可能存在健康问题，比如所谓"懒人病"。当你提出可以在家自行锻炼时，他们会严肃地告诉你，你的情况需要专业人士的指导才能有所改善，自行练习很难取得好的效果。对于缺乏经验的你来说，这种说辞很容易让你产生信赖感。

### 5. 催生无力感与依赖心理

经过上述步骤的铺垫，你可能会陷入一种自我怀疑的境地，同时对工作人员的话语深信不疑。这时，办卡似乎成了必然的选择。这种行为正是精神操纵的典型表现。被操纵者会感觉自己无法独自实现那个美好的前景，只能依赖操纵者提供的资源和支持。同时，他们也会对自己的能力产生怀疑，认为只有借助操纵者的帮助才能摆脱困境。

这也正是实施精神操纵的一个重要条件——在制造恐惧和无能感的同时，提供依赖性。通过提出一个遥不可及的美好前景，并强调只有参加操纵者的活动才能实现这一目标；通过贬低现实生活、夸大美好前景以及责备个体的缺陷来使被操纵者逐渐产生一种无能感和依赖性。

## 人身控制与人际控制

在两年前,我接触过一个案例,主角是一个接近 30 岁的年轻男子,我们暂且称他为 A。

尽管已经到了应该成家立业的年龄,A 却仍然无法摆脱原生家庭的束缚。这种情况主要由两方面原因导致:一方面是父母的坚决反对,另一方面则是 A 自身的怯懦和犹豫。

从 A 记事起,父母就一直在对他进行严格的管控。他们常常以自己的意愿来判断 A 的行为是否正确,甚至有时会颠倒黑白。同时,他们对 A 的"保护"也无微不至,从日常生活的吃穿用度到重要的志愿选择,无一不插手。

当 A 进入中学阶段,他发现了自己对绘画的热爱,并自认为在这方面有天赋。他曾为朋友开设的文身店设计图案,深受顾客喜爱。然而,当父母得知这些情况后,他们立即要求 A 删除那位文身店朋友的联系方式,并严禁他与这类"不正经"的人交往。对于 A 热爱的绘画,他们更是避而不谈,一口回绝了 A 进一步学习绘画的要求。

此后,父母对 A 的出行和社交活动进行了更为严格的监督,甚至在家庭聚会上向亲友抱怨 A 的叛逆行为。在某次聚会上,A 终于因无法忍受而崩溃,从此他的叛逆形象在亲友心中根深蒂固。

虽然 A 曾考虑过彻底反抗,争取自由,但在学生时代,他的经济来源完全受控于父母，使他束手无策。毕业后，他的身份证甚至职业资格证书都被父母以"保管"为名束之高阁。每当A找到一份可以立足的工作时，他从父母眼中看到的不是对他成长的喜悦，而是对他即将摆脱控制的深深忧虑。

A的经历并非孤例，那些在长期精神压迫环境中成长的孩子，往往难以发展成为具备独立和健全人格的成年人。A的遭遇正是其父母通过建立特定规则，实施对其人身自由和社交活动的控制。此类行为类似于传销案件中的洗脑手段，通常在实现对被操纵者的有效人身控制后才开始显现效果。

在日常生活中，这种控制条件在亲密关系中更为容易实现，因此这两类关系常常成为操纵行为的温床。现在，我们就以这个案例为基础进行简要分析。

首要手段是控制弱势方的社交活动，逐渐缩小其交友圈或对外接触的范围。A的父母不仅插手其人际交往，决定他能与谁交往、不能与谁交往，甚至进一步要求他与外界隔绝联系。同时，父母向亲友诉苦等行为，实际上是在为他们的操纵行为寻求舆论支持，而A情绪的爆发则无形中增强了父母诉苦的可信度。由此，在外人眼中，养育了情绪失控的A的父母反而成了"受害者"。

其次是阻断其自救的途径，迫使其陷入人身控制的困境。学生时代，父母将控制经济来源作为暂时的胁迫手段，而A仍可期待毕业后实现经济乃至人身的独立；然而，毕业后父母将其职业资格证书和身份证等扣留，从而彻底掌控其人身自由。

人的身体与精神是相互关联的，当人身自由被剥夺，有效的社交联系又被削减，多次尝试挣脱却无果后，被操纵者便只能被迫陷入操纵者所布下的天罗地网之中。

## 压制个性，灌输规则

近年来，通过新媒体平台的信息传播，我们得以深入了解众多传销组织和电信/网络诈骗的相关内容。得益于相关部门的反诈骗工作和新闻媒体的深入报道，我们揭示了更多的内幕。

通常，一旦个体加入传销组织，他们的行为和态度会首先受到压制，必须按照组织者的意愿来塑造自己的思想。这一过程既有操纵者在理论上的引导，又通过成员间的相互评价和监督来强化，因此具有极大的影响力。其目的在于使个体认识到，加入组织就意味着必须摒弃过去的自我，重塑新的人格。毕竟，傀儡是不需要独立个性的。

当个体的个性被抹平后，失去的自我需要由其他元素来填补，比如他人的尊重和认可。一旦得到肯定，个体便认为自己实现了最大价值。若个人的观点受到组织的轻视或忽视，便会感到惶恐不安，急于摆脱这种境况。经过一段时间的塑造，一个新的成员就此诞生，成为操纵者的忠实的传声筒。

由此可见，压制个性并灌输新规则是"打造傀儡"这一庞大工程的必要条件。你或许会认为，在现实生活中完成这一系列流程似乎令人难以置信。

然而，我想强调的是，操纵并非一场等待导演喊"开始"的戏剧。操纵者往往在不经意间展开行动，不会提前预告他们的意图，这正是被操纵者陷入困境却浑然不觉的主要原因。

就在上周，我结束了对一位中度抑郁症患者的治疗。他原本是一位金融行业的精英，享受着高薪。然而，正是这份看似光鲜亮丽的工作，给他带来了巨大的压力，最终导致他精神崩溃，不得不辞去工作，接受心理治疗。

造成他困境的主要原因，在于公司僵化的传统惯例和森严的层级制度。在这种环境下，员工被严格划分为不同的职位和层级，必须遵循既定的规则和流程。即使员工发现了需要改进的地方并提出建议，也很难得到上级的认可和支持，反而可能因为敢于提出新观点而受到打压。

同时，公司保守的经营方式也限制了员工面对新机遇或挑战时的应对策略。员工只能按照过去的经验来应对，不敢尝试新的解决方案。

他这样描述自己在公司的日常着装："自从进入公司后，我日常工作中几乎总是穿着公司提供的制服，很少有机会再穿自己的私服。"由于公司文化的规定，员工上班时必须穿着统一的制服，不得添加任何个人装饰。每个季度，公司还会发放精美的季节性服装，上面印有醒目的公司标志。对于新入职的员工来说，能够穿上这些制服，成为这家知名企业的一员，无疑是一种荣耀。

然而，随着时间的推移，他逐渐感到自己和其他同事仿佛变成了公司大楼里的机器人，胸前的名牌就像是机器人的编号。他们穿着统一的服装，按照公司设定的固定路线忙碌地工作，仿佛一眼就能看到未来的尽头。

在这个案例中，公司的层级制度和保守作风就像一把锋利的镰刀，将员工的个性削去，公司再用统一的制服将他们包装起来。

过度强调的规则和纪律要求员工必须按照特定的方式行事，不得有任何偏离。制服的穿着和常服的发放都是对员工个性的削弱。当员工提出新的想法时，总会遭到打压，久而久之，他们便不敢再表达自己的意见和创意。这就是在压制员工个性的同时，向他们灌输新的规则，告诉他们：公司需要的只是服从的执行者，而不是富有创造力的思考者。

## 隐藏自己的真实意图

精神控制并非一蹴而就的，而是一个错综复杂且循序渐进的过程。它需要缜密的筹划，通过运用一系列精细的策略和技巧，潜移默化地引导被操纵者在无形中改变自己的行为和态度。

在这个过程中，被操纵者可能会误以为自己的转变是顺理成章的，而未能察觉到外界因素的干扰。他们或许会逐步投入更多的金钱与情感，甚至不惜放弃原先的工作与生活规划，沉溺于这些行为之中，日益狂热。值得一提的是，在整个过程中，操纵者始终未曾明确提出任何要求，然而被操纵者却不自觉地走上了一条最符合操纵者利益的道路。

操纵者心知肚明，倘若直接表露自己的真实意图，很可能会引发他人的警觉与抵触，从而破坏他们的操控计划。因此，他们常常会运用多种策略来掩饰自己的真实动机，这也成了操纵行为得以实施的重要前提。

## 提出一套循环论证的理论

在精神控制的关系中，操纵者与被操纵者的行为模式虽然千变万化，但其核心规律却始终如一：被操纵者总是处于错误的一方，而操纵者则始终扮演着"真理代言人"的角色。同时，任何试图影响被操纵者的外部因素都会被描绘成居心不良的存在。长期沉浸在这样的环境中，被操纵者会逐渐形成一套扭曲的思维方式，将操纵者的逻辑奉为圭臬，并对外界的不同声音充耳不闻。这种思维方式极易导致被操纵者丧失独立思考和判断的能力，变得盲目顺从和排外。最终，这种思维方式将根深蒂固，使得被操纵者难以自拔。

基于这一循环论证的理论框架，我们可以观察到精神控制关系中操纵者与被操纵者之间动态的、相互影响的复杂关系。操纵者通过精心设计的策略逐步瓦解被操纵者的独立思考能力，而被操纵者则在不知不觉中陷入了操纵者设下的逻辑陷阱。

# 操纵者的手段

操纵者不拘泥于某一种手段,只要能够在你身上奏效,满足他们煽动或阻止你的需求,他们都会毫不犹豫地采用,且不会因此感到任何道德上的负担。

操纵者会根据与你的关系性质来选择不同的策略。比如,在恋爱中他们可能采取的方式与职场上的手段截然不同,而在亲子关系中使用的技巧又可能与朋友之间的交往方式大相径庭。

通常,操纵者不会一次性使用多种策略,因为这样做太过显眼,很容易触发被操纵者的警觉。他们更倾向于逐一尝试,如果某种手段不起作用,他们会转而采用其他方法,甚至加大力度以图达到操控目的。

1987年,美国演化心理学教授戴维·巴斯(David M.Buss)与其团队进行了一项研究。他们观察到,正在约会的情侣之间普遍存在着试图操控对方行为的策略,以此来实现对对方行为的激发或抑制。

在发现这一现象后,研究者们渴望深入了解情侣间相互影响的主要手段和方式,并探索这些手段在不同关系中的操纵行为中是否存在共通之处。

经过广泛的研究和归类,他们总结出了6种在不同关系中均会出现的关键操纵手段。这对我们来说极具参考价值,因为一旦意识到这些手法实质上都是操纵手段，我们就能提高对他人操纵意图的警觉性，从而从根本上避免陷入被操纵的境地。

## 手段 1：魅力策略

具体实践——

对他的正确抉择给予热情洋溢的赞许，以此激励他更倾向于 / 避免某项行动。

在释放我的个人魅力时，潜移默化地引导他主动 / 放弃某项行为。

向他承诺，若他采取 / 放弃特定行动，我将助他一臂之力，实现他的愿望。

在他提出请求之前，依据他的兴趣预先赠送礼物 / 采取行动。

创造更多深化情感联系的机会，以浪漫的方式传达我的偏好。

## 手段 2：沉默策略

具体应用——

在他采取 / 停止特定行为之前，我选择保持沉默。

对他的言辞和行为不做任何回应，直至他执行 / 放弃某项行动。

若他有意向进行我所不喜的活动，我将保持缄默，直至他打消念头。

## 手段 3：胁迫策略

实际操作——

明确要求他执行 / 停止某项行为。

通过尖叫、咒骂等方式施加压力，直至他顺从/放弃。

对他执行/未执行某项行为提出严厉批评。

若他坚持/拒绝特定行为，我将以他所珍视的事物为要挟。

## 手段4：说服策略

具体做法——

心平气和地阐述他应执行/避免某项行为的必要性。

询问他采取/未采取行动的缘由，并为其提供一个合理的解释。

阐明执行/放弃某项行为将带来的利益与好处。

详细解释我希望他采取/放弃行动的具体原因。

通过实际行动和言语双重表达，展示我愿为他付出的决心。

## 手段5：迂回策略

实践方式——

采用示弱或撒娇的手法，引导他执行/放弃某项行为。

表现出生闷气等看似自我消耗的行为，促使他采取行动/停止行为。

## 手段6：自我贬低策略

实施细节——

在自我贬低的同时，展现自己愿意承受委屈，以激发他的同情，促使他执行/放弃某项行为。

第四章　操纵者的动机和手段

在放低姿态的同时，使用谦逊的言辞，让他因感到歉疚而采取行动/停止行为。

看完上述操纵的手段，你是否感到些许熟悉？

这些精神操纵手段在我们的日常生活中屡见不鲜。6种策略可能渗透在任何类型的关系中，你或许已在多种关系中领教过它们的威力。

除了这些普遍存在的手段，还有一些特定情境下的策略。虽然在情侣间不常见，但在某些特定关系中却频频出现。

比如在家庭关系中，激发内疚感就是一种惯用伎俩。

举例来说——

"如果不是为了你，我早就跟她离婚了！"

"你看到我每日辛勤劳作，只为撑起这个家了吗？"

许多人深知，在家庭关系中运用内疚感可以更有效地推动事情朝着他们期望的方向发展。上述例子配合恰当的语气，足以将一个简单的请求演变成一个人长期背负的负罪感——

"好不容易有个假期，我们全家都希望能和你一起度过，如果你能放弃和朋友出游的计划就更好了。"

再如，在工作场合，权力感自然成为一种常见的操纵手段。

比如，老板或上司要求你承担一些非工作范畴内的任务，像是购买咖啡、预订机票等。由于明确的职级差异，你可能会感到难以拒绝。

这些操纵策略往往接连使用，就像流水线上的产品，在各个环节被逐一加工和包装。当魅力攻略不起作用时，操纵者可能会转向沉默施压或是威胁强迫等手段。但值得注意的是，操纵者通常不会将这些策略混合使用，因为多种操纵手段同时施展很可能会导致内部矛盾。

聊到这里，相信你的心里已经可以对生活中的某些人在让你做或是不做什么事情时使用的手段分门别类了。

# 第五章

# 容易被操纵的人际关系

之前我们曾提及，操纵行为在各种关系中都有可能发生。操纵的根源在于承诺给予回报，然而，被操纵者的行为一旦稍有不符操纵者利益的，被操纵者便可能面临回报的丧失或是更深层的操纵。

操纵者常用来吸引目标的回报承诺多种多样，既包括物质层面的，如**财富、礼物、性、社会地位的提升**等，也涵盖精神层面的，如**爱情、承诺、赞美和接纳**。

这些往往是人们渴望却难以轻易获得的东西。当操纵者掌握了你所渴望的某样事物，并有能力给予你时，你可能在不知不觉中已经跳入了他们的陷阱。一旦你的反应未能满足操纵者的期待，你面临的可能是回报的丧失，甚至是更严重的损失。这些损失可能与之前的回报承诺相对应，如**冲突、愤怒、被抛弃的感觉、内疚和指责，更严重的可能是秘密被揭露、缺陷被曝光**等。

显然，任何可能影响到你**身份认同、安全感、社会地位、自我价值或满足感的关系**，都可能隐藏着操纵的风险。

了解这些后，你会更加警觉，并能更敏锐地识别出操纵行为。接下来，我将指导你如何应对操纵。但现在，我们首先需要识别出哪些类型的关系更容易被操纵利用。

# 亲子关系

你是否注意到，近年来有关孩子情绪失控的新闻屡见不鲜？

## 第五章　容易被操纵的人际关系

在诸多悲剧的报道后，总有人提出疑问：

"为何现在的孩子如此脆弱？"
"他们这样做，难道不考虑父母的感受吗？"

他们或许未曾意识到，孩子的世界观和价值观在很大程度上是由父母塑造的，家庭教育为孩子的一生奠定了基调。

父母与孩子的关系，是孩子作为个体来到这个世界的最初交流关系，现在更多地被称为"原生家庭关系"。一些年轻父母会无意识地将自己未竟的理想寄托在孩子身上。这种爱，有时从童年时期就开始了一种无形的控制。

美国心理学家、行为心理学创始人约翰·华生曾说过：

"给我一群健康的婴儿，我可以随机选择一个，通过训练，使他成为任何类型的人，无论是医生、律师、艺术家，还是乞丐、小偷，无需考虑其天赋和能力。"

对孩子而言，父母是他们衡量世界的标尺，是他们最信任的人。但遗憾的是，对自己孩子的绝对控制，可能是一个人一生中为数不多的特权。因此，我们总能从父母身上感受到一种控制欲。在教育孩子时，他们往往忘记了孩子是独立的个体。

很多人虽然都在讨论伴侣关系中的操纵行为，但操纵行为其实无处不在，包括在工作场所、友情中。而最令人悲哀的是，很多时候，父母也成了隐形的操纵者。

试想一下，当我们信任且依赖的人，以非常确定的方式说话，尤其是这番话似乎有些道理的时候，作为信息接收者很难不去相信他们。尤其对孩子来说，内容一旦触及孩子的渴求时，对其心理冲击必将会被无限放大。那么，父母作为操纵者，孩子作为被操纵者的关系，就此成立。

在这里，我们可以将父母对孩子的操纵行为大致分为几类。

### 1. 暴力打压型

在这类操纵行为中，作为操纵者的父母会采用强硬的态度来决定事情的发展，并通过不容置疑的态度来强调事情的正确性。他们往往通过语言或行为对孩子进行攻击和贬低，常用的说辞包括"不懂事""没教养"和"学坏了"。

当有人夸赞孩子时，父母可能会这样回应：

朋友 A："这孩子学习真用功啊！"

父母："假用功！你们来了他才拿出书来装装样子。"

朋友 B："几年没见，孩子长得真高！"

父母："就是个傻大个儿。"

朋友 C："这次考了第一名，真厉害！"

父母："还不是我钉得紧，不然他这样，倒数第一还差不多。"

这类父母的攻击行为和控制逻辑旨在树立自己的权威形象，使孩子能够听从他们的意见，并按照他们的想法和意愿去生活，最终变成父母期望的样子。然而，这会导致孩子与父母之间的关系形成另一套逻辑：当孩子与父母分享快乐时，他们只会得到挖苦；当孩子向父母倾诉烦恼时，他们只会得到讽刺。长此以往，亲子关系只会变得越来越冷漠和疏远。

此类型的操纵者似乎还处于"强取豪夺"的阶段。如果这种情况继续发展，他们很可能会以诡辩者的形象进一步渗透到被操纵者的生活中。

## 2. 怀疑否定型

这类操纵型父母总是倾向于告诉孩子："你的选择／做法是错误的，只有按照我说的做才是正确的。"这种情形在日常生活中屡见不鲜，无论是晚餐选择吃米粉还是面条，还是在高考时选择哪所学校，这些父母都会介入孩子的决策，以此来凸显他们存在的重要性和权威性，并常常以爱的名义来对孩子进行贬低和责备，从而给孩子造成心理负担。

当孩子吃饭只吃了半碗就表示已经吃饱时，妈妈可能会这样说：

妈妈："你只吃了这么一点儿？肯定没吃饱！"

孩子："我吃饱了。下午你还给我吃了零食。"

妈妈:"那还是吃得太少了,再吃点。"

孩子:"我真的饱了。"

妈妈:"再吃点,不然待会儿就饿了。"

孩子:"可是我真的吃不下了。"

妈妈:"你真是身在福中不知福,妈妈小时候哪里能吃饱?我这么做都是为了你好。"

关于此类现象,在网络上甚至出现了这样的说法:"有一种×××,是你妈觉得×××",比如,"有一种冷,是你妈觉得你冷","有一种饿,是你妈觉得你饿",等等。

这类父母的根本思维逻辑是:"孩子的想法不重要,重要的是我觉得。"这种思维渗透到人生的各个抉择中,从人生大事到日常穿着,一旦孩子的表达与他们的想法不符,就会触发他们的"怀疑思维+否定思维"。他们首先会怀疑孩子的感觉是错误的,紧接着否定孩子的想法。

当这种思维逻辑形成后,还会引发另一种行为,即当自己做错事并被孩子指出时,他们往往会通过篡改记忆、扭曲事实、灌输虚假信息来影响孩子的思维,从而在孩子脑海中创造一个完全不同的故事。

这里有一个通用的公式:

**"你记错了" + "你误会了" + "你真的错了"。**

当爸爸打了孩子一顿,并在几天后再次提起此事时,他可能会说:

爸爸:"你记错了,爸爸根本没打过你。"

孩子:"可是你打了我呀。"

爸爸:"你记错了,爸爸只是在跟你闹着玩。"

孩子:"可是你真的打了我呀。"

爸爸:"那肯定是因为你调皮,不然爸爸不会打你。"

这样的对话是否让你觉得似曾相识?

心智尚未成熟的孩子在与父母的博弈中,往往会天然地认为父母说的是对的。而作为过错方的父母,他们否认事实的目的就是逃避责任,并试图通过扭曲真相来维持自己在孩子心中的良好形象,从而达到抬高自己、贬低孩子的效果。到这个时候,父母与孩子之间就已经形成了一个操纵者与被操纵者的关系。这种操纵型的父母常以受害者的姿态反驳被操纵者的指控,放大孩子的过错,并指责孩子的"无端怀疑"对他们造成了"伤害"甚至"侮辱"。

## 3. 牺牲自怜型

常言道,"绵里针,针针刺痛人心"。此类型的父母善于扮演受害者角色,精通道德束缚之术。他们毕生奉献,哪怕化为灰烬也愿为孩子提供滋养。这种策略多半对性情较为温和的孩子奏效。

这里也存在一个典型模式——

**日常赞扬孩子温顺体贴＋遇事便哀叹自身艰辛＋反复责备孩子不体贴。**

以孩子逃学被家长发现为例。

母亲："你怎会如此叛逆？真让我痛心。"

孩子："妈妈，我做错了。"

母亲："难道是妈妈哪里做得不够好，让你难过了？你怎能这样做？"

孩子："妈妈，我不敢了。"

母亲："我总对人说你是个好孩子，是我的骄傲。如今你这样做，我该如何面对他人？"

孩子："妈妈，我压力好大。"

母亲："你压力大？妈妈的压力更大！你这样做对得起我吗？"

这类父母对孩子的看法，往往与孩子的自我认知大相径庭。他们看似自责的言辞，实则激发了孩子的愧疚感，使其觉得自己不够好，像是个坏孩子。

他们会不遗余力地为孩子付出，不论孩子是否需要。

他们会为孩子精心规划未来，却未曾征询孩子的意见。

他们会利用孩子的愧疚心，以最低微的姿态，占据家庭中的制高点。

常见的言辞包括——

"若不是为了你,我早就离婚了。"

"我自己都舍不得买新衣,省下的钱都给你报兴趣班了。"

"我每日辛勤劳作,究竟是为了谁?"

"我所做的一切都是为了你啊!"

他们试图用愧疚感操控孩子,却不知过度的愧疚会转化为愤怒,最终导致孩子选择逃离。因此,在现实生活中,我们常常看到一些含辛茹苦的父母却养育出不知感恩的孩子;过度付出的父母,反而让孩子心生远离之意。

说到此处,大家或许已经察觉到,无论是哪种类型的操纵者,他们都遵循着一个共同的逻辑——"为你好"。

在这个"为你好"的幌子下,他们可能会对你冷嘲热讽、怀疑打压,甚至全盘否定。作为权力天平上的绝对主宰者,他们往往忽视甚至否定孩子的行为、感受和想法。我们必须认识到,以爱为名的操纵往往具有毁灭性的力量,孩子们通常难以识别,更难以挣脱其束缚。

当然,这并不意味着作为操纵者的父母就是邪恶的。我们相信,绝大多数父母都是出于善意。那些刺耳的话语,可能真的源于对孩子的爱,是父母在用他们认为合适的方式激励孩子。他们潜意识里认为这样做是"对孩子好"。

然而，很多时候父母并未意识到自己已经变成了精神操纵者。客观地说，这些话语实际上打击了孩子的自信，伤害了他们的自尊。这种行为会给孩子带来累积性的心理创伤，使他们越来越自卑。从科学心理学的角度来看，家庭操纵行为本质上是一种清醒催眠的过程，它符合清醒催眠的两个特点：

**催眠者对被催眠者具有高度的权威性。**

**催眠者的话语能够绕过被催眠者的理性思维或批判性思维。**

那么，如何判断父母是否对孩子实施了操纵呢？让我们来总结一下：

1. 树立权威：从孩子小时候开始，父母就努力树立自己的权威形象，使孩子从小就习惯于服从父母的指令，很少提出质疑。例如："听话的孩子才是好孩子""不听爸爸妈妈话的孩子都是坏孩子"。

2. 施展权力：父母会指责和否定孩子成长过程中的一些不足和缺点，甚至以偏概全地无限放大这些问题。例如："考这么点分数，别考大学了，你考不上的。""你这种性格，以后能有什么出息？"

3. 巩固思想：简单来说就是以"天下无不是的父母"为中心思想，以"为你好"为主要手段。即使父母做错了事，也是因为想要"为你好"。此类说法大家耳熟能详，无需过多举例。

# 两性关系

在当今社会，两性关系中的精神操纵行为，可能有一个大家更为熟知的称呼——"PUA"。

在情感需求得不到满足和恋爱能力欠缺的焦虑背景下，一些所谓恋爱技巧应运而生。这些被"糖衣"所包裹的"炮弹"，表面上似乎为人们提供了解决问题的捷径，但实际上，其功利性却加剧了亲密关系中的紧张氛围，犹如埋下了定时炸弹。

自从"PUA"概念进入我国公众视野后，商机便被一些人敏锐地捕捉到。众多自称为情感导师的"PUA"教练纷纷涌现，与此同时，各种以情感咨询或恋爱技巧为名的"PUA"课程在网络上层出不穷。

随后，随着关于"PUA"的一系列事件的曝光，"PUA"彻底走入了公众的视野，引发了广泛的关注。

亲密关系中的精神控制话题持续发酵，不仅激起了众多研究者的兴趣，更推动了相关研究的深入。研究结果显示，"PUA"的实质在于掌控亲密关系中的主导权，通过精心设计的语言和行为策略，实现对伴侣情感的操纵。

在此，我举几个曾接触过的被操纵者的真实案例，以阐释两性关系中精神操纵的几种行为类型：

## 1. 冲动犯错，反复道歉

A的丈夫在情绪激动时，会做出一些让A感到深深受伤的行为和言语。事后，A的丈夫会在众人面前下跪、自扇耳光，并泪流满面地承诺绝不再犯。

A因对他仍存感情，所以选择原谅并回家。但不久后，类似的冲突再次发生。当A离家出走时，丈夫又一次下跪道歉，声泪俱下地乞求原谅。

A被丈夫接连不断的道歉所打动，再次和解。然而，这种情况反复上演。

A在希望与失望的循环中度过了2年，直至被诊断为精神分裂症，才在家人的坚持下接受治疗。

频繁道歉却未采取实际行动改正错误或预防错误再次发生，这种行为并非出于真心。操纵者常利用道歉和示弱作为武器，不仅为了缓解对方的紧张情绪，还可以借此歪曲事实，让对方觉得操纵者受尽委屈，从而产生愧疚感。配合"不会再犯"等空洞承诺，被操纵者很容易陷入操纵的陷阱。这也是许多家暴受害者反复受害、深陷其中难以自拔的重要原因。

## 2. 道歉过后反咬一口

B 在遭受女友殴打后提出分手。女友先是诚恳道歉，请求不要分手，但 B 因内心的委屈而拒绝。此时，女友的态度发生微妙变化。

她宣称自己已经明显认错，并一直在努力改正坏脾气，质问 B 为何视而不见。B 回想起过去的点滴，心生动容之情。

见 B 态度软化，女友继续表达自己的情绪：

"你说要分手，我真的好难过。"

"为了哄你，我还要假装开心，其实背地里我都在偷偷哭。"

"是不是现在我再怎么对你好也没用了？"

明明是受害者，B 在这场谈话结束时却感到让女友受委屈而心生愧疚。

这种在道歉过程中突然改变立场、指责对方也有过错或将责任推给对方的行为，是试图通过让被操纵者感到内疚或不安来转移自身责任。一旦问题被完全转移到被操纵者身上，被操纵者的注意力也会随之转移到自己的行为上。此时，如果被操纵者急于为自己辩解，那么操纵者就掌控了局面。其目的就是用"你的错"来转移"他的错"，千万别上当！

### 3. 要求你公开做出屈辱的姿态

因男友未能找到合适的工作，C与其发生了争执。男友声称，他是为了C才迁居到这座城市，却未料到会陷入当前的困境。

C习惯于先妥协，这次也依然先认了错。然而，男友并未就此罢休，他要求C必须展示出更大的诚意。

C疑惑地问男友，她应该做些什么。

男友提出一个令人震惊的要求——让C在身上文上"×××的私有物"，其中×××是他的名字。

C对此感到难以接受，但同时，她觉得是自己当初为了终结异地恋而劝说男友来此，因此负有一定的责任。

经过一番争论与协商，男友稍作退让，他要求C写一封道歉信，并在楼下大声朗读。

相较于文身的要求，C竟然觉得在公众面前朗读道歉信变得相对容易接受。

男友巧妙地利用C的责任心，通过长期的洗脑使C产生自我怀疑和愧疚感。在C情感脆弱、防备心降低的时候，他强行灌输错误观念，使C对他的逻辑深信不疑。正因如此，C才会在面对难以接受的要求时，仍愿意讨价还价，最终接受了一个虽然令人不适但相对可接受的"惩罚"。

## 4. 贬低个人价值，打击自信

在去见女友家长的那天，D特意打扮了一番，并精心挑选了礼物。然而，当他与女友会面时，女友却惊讶地问他为何不使用增高鞋垫，抱怨他这样显得腿短、个子矮。看到D手中的礼物，女友更是不满地嘟囔："你就带这种东西去见我爸妈？"

因此，在见家长的过程中，D几乎一直拘谨地坐着，生怕站起来后女友的父母会嫌弃他的身高。递上礼物时，他也显得犹豫不决，担心被女友的父母看不起。

最终，这场原本精心准备的见面，却以D满怀失落和自我怀疑告终。

在两性关系中，一方贬低或打击另一方的信心，往往源于控制欲、不安全感或自卑感。这种行为试图通过削弱对方的自信，来提升自己的地位或满足某种心理需求。

具体来说，当亲密关系中的一方持续对另一方进行贬低，如对其外貌、能力或性格进行批评，或者对对方的付出和成就视而不见时，这会让被贬低的一方开始质疑自己的价值，觉得自己不够好，进而丧失自信。

这种不断的负面反馈会逐渐破坏伴侣之间的情感纽带，使受害者感到孤立无援。

## 5. 语言持续性攻击 / 信息轰炸

E 正在参加一场重要的会议，然而，她的手机却不断地震动着，这些消息都来自前一天与她发生争执的丈夫。他不停地发送包含"傻×""蠢货""神经病"等侮辱性词汇的信息，指责 E 昨天的争吵导致他今天气得发烧，无法去工作。他埋怨 E 不回家照顾他，痛斥 E 无情无义，是个不负责任的妻子。

因此，E 被迫提前离开会议，返回家中照顾这个男人。

持续的语言攻击往往源于愤怒、不满和企图控制。丈夫在生病后，将责任归咎于正在工作的 E，连续发送辱骂信息，实际上是在进行一种威胁。同时，他将生病的原因归结于昨天与 E 的争吵，这不仅是在逃避主要矛盾，还试图通过给 E 施加压力来激发她的愧疚感。而 E 也如他所愿，顺从地回家照顾他。

## 6. 否认和打压对方的需求和兴趣

F 是一个热爱社交和户外活动的人，她非常希望男友能陪她参加朋友聚会或户外探险。然而，男友却对此表示反对，他性格内向，相较于外出，他更愿意在家做家务和烹饪。

渐渐地，F 不再提及与男友一同外出，而是自行参与一些户外活动。但男友表示更不高兴，认为F不重视他的感受。他多次表示这些活动毫无意义，只是浪费时间和金钱。每当F提出想要外出时，男友总是质问她："你为什么总是想出去玩？就不能安静地待在家里吗？"或说："你的朋友们都很无聊，你跟他们交往根本没有价值。"

这种持续的否定让F深感沮丧和失望。为了让男友减少生气，F在一次次的批评中取消了许多外出计划，选择留在家里陪伴男友。

与这种只会否定你的需求和兴趣的人是无法产生共鸣的。换句话说，对方根本不愿意与你沟通。当两人意见不合时，他的第一反应是通过打压和逃避来应对，只想尽快压制你的情绪，让你遵循他的既定标准。如果一味地迎合和妥协，最终只会失去自我。

爱情，本是上天赐予人类的珍贵礼物，它应如璀璨星光，照亮我们心灵的夜空，而非与猛兽惊惶地同榻，更非一场精心算计的狩猎游戏。

## 上下级关系

相较于直接的霸凌行为，职场中那些与工作本身无关的博弈其实是一种更为隐秘的精神操控手段。

"'996'和'007'是为了你好。"

"除了我们，没别的公司会要你。"

"今天出100张设计图，我来选。"

这些看似令人窒息的工作要求，在当代职场中却屡见不鲜。这种职场操纵已渗透到职场的各个角落，令人难以逃避。

在职场关系的精神操控中，操纵者往往通过贬低、打击等手段摧毁被操纵者的自尊心，让对方感受到自己的无足轻重和无用。这种做法不仅打压了个人的自尊和自信，还让人怀疑自身能力，陷入自我否定的漩涡，甚至渴望通过加倍的努力来获得对方的认可。最终，被操纵者只能选择依附于操纵者，对其言听计从。这种操控的核心策略就是摧毁对方的自尊，使其产生依附心理。

几年前，我在线上系统的后台收到一个求助信息。求助者是一个刚毕业不久的年轻人小A，他在离职后深感愧疚，觉得辜负了公司的培养和老板的期望。他甚至想在其他公司多赚钱，攒够钱后再回原公司贡献力量。

小A与老板的相处，要从他进入公司开始说。小A是通过校园招聘加入公司的，在10人一组的群面中，他被老板选中，这让他感受到了一种特别的赏识。老板是个风趣的"80后"，这让初入职场的小A对他产生了敬仰之情。

转正后，公司人事变动，与小A对接的同事离职了。老板便让小A暂时接手那位同事的工作，并特意找他谈话，告诫他：

"年轻人不要贪图享乐，现在多学点对以后大有裨益。"

由于小A学历普通，性格又好强，他内心其实认同老板的说法。于是，他开始了白天做本职工作，晚上回家还要处理另一个岗位的工作的生活。最初，老板还会不时传授一些工作经验给小A，这让他更加沉迷于老板的"特别关照"，甚至将老板视为人生导师和成长目标。当老板得知小A是留守儿童，与父母关系相对冷淡后，他不仅站在小A的角度批评其父母不尽责，还"慷慨"地表示小A可以把他当作父亲。

经过多次深入的交流，小A竟然真心实意地将老板视为如父亲般的存在。

然而好景不长，由于公司一直未能招到新员工，且工作任务日益繁重，小A难免出现了一些工作失误。渐渐地，他发现老板已许久未单独与他探讨工作或向他传授经验。取而代之的是，在会议上公开指出他的工作瑕疵，并流露出对他的失望之情。更令他沮丧的是，老板对他的信息已读不回，甚至对他的工作能力和个人品质产生了质疑。最令他难以接受的是，老板似乎在有意无意间挑拨同事关系，制造隔阂，使得同事之间难以建立真正的信任关系。任何风吹草动，都会有人迅速向老板汇报。

在随后的面谈中，小A向我透露，老板善于让每位员工都觉得自己是被他选中的特殊存在，同时也乐于看到员工之间相互猜忌，因为这样可以防止员工结成小团体，从而更有利于他的管理。

这一切给小A带来了巨大的心理冲击。在老板的冷落和质疑中，他开始逐渐怀疑自己的能力，认为自己无法胜任工作，给同事和公司带来了不必要的损失和麻烦。

最终，促使小A下定决心离职的原因是薪资过低。扣除因工作失误而罚款的部分后，实际到手的收入根本无法让他在这座城市中立足。

然而，离职后的小A仍然感到内心不安，他觉得自己辜负了曾经如此赏识自己的"伯乐"。在他看来，自己的离职仿佛是对这个给予他机会和平台的公司的巨大"背叛"。即便在了解了老板的种种行为后，他依然坚持将老板视为父亲般敬重和爱戴……

在此案例中，老板自面试起便巧妙地为A营造了一种"我对他来说很特别"的错觉，使A误以为自己即将受到重用，从而心甘情愿地承担更多工作。通过不断的言语抚慰，老板精准地抓住了A学历不高、与父母关系不亲近的心理特点，成功地将自己塑造成了A的"精神父亲"。

基于"父亲怎么会害自己呢？"这样的信念，当A面对否定和打击时，他的第一反应并非质疑对方，而是开始怀疑自己的能力。

这是职场操纵的经典案例。老板通过打击、否定和诋毁等手段，成功地摧毁了A的自尊心，让A开始自我怀疑。一旦自尊被摧毁，人们往往会觉得自己"能力很差""很没用""做不好任何事情"。

当内心的平衡被打破,人们会本能地寻求外部的依托,就像溺水的人会拼命抓住眼前的救命稻草一样。为了这种依托,他们可能会变得虚伪逢迎、言听计从,任由他人摆布,而这正是操纵者所期望的结果。

# 朋友关系

看到这里你可能会问:什么?朋友之间也会存在操纵关系?

是的,朋友之间也会有操纵情况出现。

如果你在与朋友相处时总是感到有些不对劲,尽管你认为自己是一个容易相处的人,但和他在一起时总觉得有些压抑,那么你就应该警觉了。以下是一些可能的警示信号:

1. 情感勒索:他可能会利用你的弱点或恐惧,采用威胁、恐吓或暗示的手法,迫使你做出符合他期望的决定。

2. 持续贬低:这种贬低可能表现为直接的批评、讽刺或挖苦,也可能是更加隐晦的间接贬低。不论形式如何,它们都会逐渐削弱你的自信,导致你低估自己的价值。

3. 操纵决策:他可能会通过各种方式影响你,比如,提供误导性信息来诱导你,或者结合情感勒索对你施压,使你做出不利于自己的决策。这种操纵行为的一个明显迹象是,在需要共同决策的事情上，他往往不会事先征求你的意见，而是独自做出决定。

4. 制造依赖：如果你发现自己对某个朋友产生了过度的依赖，甚至在没有他的情况下无法独立做出决策，那么你就应该审视这种依赖是不是由他有意引导的。

## 专业关系

专业性通常指的是个体在特定领域或职业中所具备的专业知识、技能和丰富经验，以及将这些知识、技能灵活应用于实际工作中的能力。在诸如医生、律师等高度专业化的职业领域中，专业关系内的精神操纵现象较为常见，且往往由这些专业人士主导。由于被操纵者通常难以分辨信息真伪，因此他们往往会选择信赖专业人士的建议，而难以意识到自己已经陷入操纵的陷阱。

第六章

# 深入剖析操纵手段的底层逻辑

在心理学领域，有几种基本的学习模式，包括**正强化**、**负强化**、**惩罚以及创伤型一次性学习**等。这些学习模式对于推动个体或组织的行为改变和学习过程具有显著效果。在日常生活中，我们或多或少都曾运用这些方式影响过他人，也同样被他人以这些方式所影响。

那么，当这些学习模式被应用于操纵关系中时，又会呈现出怎样的特点呢？

# 正强化

正强化，亦称"积极强化"，是指那些能够增加某一行为或事件发生概率的刺激物或行为。简而言之，如果你对某人的当前行为表示赞赏，并希望他未来能更多地展现这样的行为，于是你给予他口头赞扬或物质奖励，那么你就是在实施正强化。

强化的形式多种多样，既可以是**物质性的，如金钱、礼品，也可以是情感上的积极反馈，如微笑、称赞**等。当我们关心的人用奖励的方式对我们进行正强化时，我们通常乐于接受，因为正强化往往带来愉悦的情感体验。

举几个具体的例子来说明：

## 第六章　深入剖析操纵手段的底层逻辑

因为在课堂上积极举手回答问题而受到老师的表扬，从而更加积极地举手以获取更多的赞扬。

因为工作业绩出色而获得老板颁发的奖金，进而更加努力地工作以持续获得奖金。

因为穿着某件衣服而受到心仪对象的赞美，于是更频繁地穿这件衣服。

发现家里的狗狗对某个玩具特别感兴趣，因此经常拿出这个玩具来陪伴它。

我们渴望得到肯定，盼望受到重视，期待被人欣赏和喜爱；我们也希冀付出的努力能换来应有的回报，希望我们深爱的亲人和朋友能感到快乐和满足，更盼望能获得更多的物质资源，以便我们自由支配。正因如此，在日常生活中，我们无时无刻不在经历着对他人的强化以及来自他人的强化。这种相互影响，贯穿我们的一生，无法避免。

读到这里，你可能会产生疑问：正强化看似是一种积极的行为，那它与操纵关系又有何关联呢？

如果仅仅使用正强化手段，那并不构成操纵。毕竟，正强化的激励方式通常是为了满足你的某种需求，基于正强化的关系往往是愉悦和积极的。

然而，操纵者常常在操纵关系的初期阶段运用正强化，以此吸引"猎物"进入他们的圈套，随后再将整个局势引向另一个方向。

狡猾的操纵者会将正强化作为一种策略，先给予一些小恩小惠，让被操纵者心甘情愿地为他们做一些小事。这只是他们的初步行动，目的是让"猎物"产生"得到了想要的东西"的错觉，甚至在多次强化后让被操纵者形成一种固定的思维模式。

一旦获得了被操纵者的信任，操纵者会抛出一个更大、更长期的诱饵，设定一个看似触手可及但实际上难以达到的目标。"猎物"由于之前的惯性思维，会自然而然地接受这种先付出后收获的交换模式，在持续的付出中期待着实现那个遥不可及的大目标。当被操纵者意识到这只是一张空头支票时，他们已经付出了比当初承诺的要多出许多倍的努力。

在这个过程中，"猎物"们逐渐认清现实，但他们往往不会及时止损。因为操纵者会引导他们陷入"可能永远得不到"的恐惧之中。因此，到了后期，"猎物"们的努力方向就变成了"避免失去"，而不再是"实现目标"。

## 负强化

若将正强化视为利诱的手段，那么负强化则相当于威逼的策略。负强化，亦被称为"消极强化"，其核心理念是通过消除令人不悦的因素或刺激来推动特定行为的出现。为了更具象地解释这一概念，让我列举几个实例——

为了避免因不戴头盔骑摩托而遭受罚款，人们会选择佩戴头盔后再上路。

为了躲避垃圾桶旁令人不悦的气味，人们会迅速掩鼻通过。

为了预防蛀牙和牙疼，孩子们会在医生的告诫下坚持每天刷牙。

为了不受室友的唠叨，人们会自觉整理好家中的物品。

负强化的形式多样，可能是**利益的剥夺**、**肉体的惩罚**，或是诸如**愤怒、恐吓、抱怨、哭泣、沉默**等消极的情绪反馈。当这些手段引发你的**内疚、羞愧或悲伤**等情感时，便意味着它们已经产生了效果。

与正强化相比，负强化带来的往往是令人不快的负面情绪。为了迅速摆脱这些情绪的困扰，人们通常会做出某些改变以扭转不利局面。操纵者深谙此道，他们会在触发负面情绪后，以救赎者的姿态出现，诱导被操纵者顺从与配合。只有当被操纵者做出操纵者所期望的行为时，这些负面情绪才可能得以缓解，然而这种缓解有时仅仅是暂时的。

与正强化不同的是，被操纵者在负强化的影响下，常常会感受到沮丧、不安、抑郁、焦虑，甚至产生低自尊和自我厌弃等负面情绪。尽管如此，负强化仍是操纵者最常采用的手段之一。

# 间断强化

正强化与负强化作为操纵者常用的两种策略,既可能被连续运用,也可能被间断性地运用。

我们必须认识到,间断性地使用正强化可能会诱发成瘾行为。因为正强化是通过给予个体所渴望的奖励或刺激来实现的,当这些奖励或刺激以不连续的方式呈现时,个体会对这些奖励产生更强烈的渴望和追求,进而可能对这些奖励产生依赖,甚至成瘾。

间断强化可以分为两种情况:一种是有规律的间断,这种方式会影响被强化者对强化实施者的感受以及对由强化所引发的行为的感受;另一种是随机间断,由于强化的频率和强度不断变化,被强化者始终在寻求预期的奖励,这种情况容易引发被强化者的沮丧情绪或强迫行为。

在间断强化的实验中,心理学家 B.F. 斯金纳的"鸽子与盒子"实验是一个著名的例子。

在这个实验中,斯金纳将鸽子放入一个特制的盒子里,该盒子配备了一个食物分发器和一个按钮。

在实验的第一阶段,食物分发器被设定为每 15 分钟自动投放食物,此时鸽子没有机会按下按钮。在这一阶段,鸽子会展现出各种随机的行为，但它们很快就会意识到食物的出现与它们的行为无关。

在实验的第二阶段，食物分发器停止自动投放食物，但鸽子可以通过按下按钮来获取食物。在这一阶段，鸽子会开始尝试按下按钮，但起初可能比较随机。然而，当鸽子偶然按下按钮并获得食物时，它们会开始意识到按下按钮与获取食物之间的联系。

在经历了前两个阶段的训练后，鸽子已经意识到食物与按钮之间的关联，此时实验进入最终的间断强化阶段。在这一阶段，食物分发器不再每次按下按钮都投放食物，而是间歇性地投放。这意味着鸽子按下按钮后有时会获得食物，有时则不会。这种不确定性促使鸽子更频繁地按下按钮，因为它们无法预测何时会获得食物。

在现实生活中，间断强化被广泛应用。

比如，老师会奖励成绩优异的学生，但并非每次都给予奖励。这种随机的奖励可以激励学生保持高度的学习热情。老师的奖励属于间歇性正强化，会不断增强学生追求奖励的反应频率。

再比如，一个想要戒烟的人可能会给自己设定一个小目标，如一周不抽烟就奖励自己看一场电影或吃一顿大餐。这种间断性地消除"不能享受娱乐"的不愉快刺激的方式属于间歇性负强化，可以鼓励他们更有动力地坚持戒烟。

由此可见，无论是正强化还是负强化，掌握好强化的节奏是操纵者操纵他人的关键。有些操纵者时刻希望看到被操纵者处于慌乱、焦虑的状态。他们通过间断强化，使被操纵者始终处于紧张的边缘，变得极度敏感和焦虑。

## 惩罚

前面提到的负强化与惩罚很容易被混淆。它俩的区别在于出现的时机——

负强化：如果你不服从，那么痛苦会持续。

惩　罚：如果你不服从，那么将会遭受痛苦。

惩罚被广泛地当作规训机制，但研究证明，在控制行为方面，惩罚的效果不如负强化来得彻底。惩罚过后，那些不被操纵者期待的行为有可能会暂停，也有可能会继续。

有趣的是，惩罚奏效时，被操纵者其实已经意识到行为和结果之间的关系，也学会了应对惩罚的恐惧，而这样的恐惧也就成了另一种负强化。

在实际应用中，操纵者通常会将惩罚与其他强化手段一并使用，构筑一张胁迫控制的网。

# 创伤型一次性学习

近年来，创伤后应激障碍（PTSD）逐渐受到大家的关注。在某些情况下，创伤型一次性学习正是PTSD的触发因素之一，但并非每位经历过创伤型事件的人都会最终发展为PTSD。

创伤型一次学习的含义，与我们常说的"吃一堑，长一智"颇为相似。它意味着一旦因某件事情吃亏或受伤，个体就会避免再次涉足此类行为。这种经历所带来的深刻影响会持续很久，并可能产生泛化效应，这就像我们常说的"一朝被蛇咬，十年怕井绳"。

2001年美国纽约的"911恐怖袭击"事件，无疑成了全美乃至全球的噩梦。该事件发生后，美国社会针对PTSD进行了大量的调查和研究。结果显示，许多美国人，甚至包括那些并非事件直接受害者的普通民众，在反复观看事件影像后也产生了创伤感。

那么，利用创伤型一次学习来进行心理操纵的手法，你可能已经有所察觉。相比多次轻微的惩罚，一次重大的伤害往往能更容易地"驯服"被操纵者。

以我的一位病人为例，我们暂且称她为A。在经历了一段痛苦的婚姻后，她仍然不敢轻易与异性进行肢体接触或过多的语言交流。这段婚姻中，她的前夫是一个多疑且善妒的人。他对A的第一次施暴，就是因为A在与同事聚餐时喝醉，由一个男同事扶着回家。这次暴力和随后的长期冷暴力，使A对与其他男性交流产生了深深的恐惧。

即便是离婚后，A在与超市的男性导购员交谈时仍会感到心惊胆战。可以说，前夫的这一次暴力与指责成功地操纵了A的心理。这种深刻的伤害与冲击，使得被操纵者不自觉地按照操纵者的意愿去塑造自己。

但我想强调的是，那些突如其来的爆发往往并非孤立事件。它们可能是由于操纵者的自控力不足，或者是因为操纵手段有效而被重复使用。不论出于何种原因，对被操纵者造成的伤害通常都不会止步于一次。

了解了这么多的操纵手段，可以看出来这些手段相互之间并不互斥。

多数操纵者们会使用大部分，甚至上面提到的所有方式来控制被操纵者的行为模式，从而使之以更快的速度落入陷阱，陷入无端的焦虑与压力之中。

# 第七章

# 自测：你是否正处在操纵关系中

我们都明白，操纵关系在生活中随时可能发生。然而，在某些特定情境下，你的情感防线可能会变得较为脆弱——

或许你正处于人生的某个重要转折点，如青涩的青春期、学生生涯落幕，或是步入婚姻的殿堂；或许你正被重大压力所困扰，诸如婚姻关系破裂、失去工作，或是担任新的职务；又或许，你正面对着一些超出你应对能力范围的复杂情况。

在这些你疲于应对、难以周全的时刻，经验丰富的操纵者会如嗅觉敏锐的掠食者一般，总能敏锐地察觉到那些脆弱和受伤的目标。

# 你最容易落入哪种操纵陷阱

看清自己想要的，是增强防操纵抵抗力的第一步。

请回答下面的提问，好好审视自己，看看你最容易落入什么样的操纵陷阱。

提问1：目前的你，最想要什么？

答题规则：

从1到5代表着需要程度，1是完全不需要，5是极度需要；超过

3分的项目可以具体写出渴求的人或事。

认真思考，对自己保持最诚实的态度，根据实际情况打分。

| | | |
|---|---|---|
| 1. 金钱　　（　） | 2. 权力　　　　（　） |
| 3. 亲情　　（　） | 4. 组建家庭　　（　） |
| 5. 爱情　　（　） | 6. 性需求　　　（　） |
| 7. 幸福的感受（　） | 8. 无需忧虑　　（　） |
| 9. 工作上的成就（　） | 10. 他人的认可（　） |
| 11. 他人的尊重（　） | 12. 某个承诺　（　） |
| 13. 褒奖/夸赞（　） | 14. 物质礼物　（　） |
| 15. 友谊　　（　） | 16. 快乐　　　（　） |
| 17. 健康的身体（　） | 18. 健康的心理（　） |
| 19. 闲适的生活（　） | 20. 获得晋升　（　） |
| 21. 竞争力　（　） | 22. 接受教育　（　） |
| 23. 自由　　（　） | 24. 其他　　　（　） |

## 提问2：目前的你，最担心什么？

**答题规则：**

从1到5代表着担心程度，1是完全不担心，5是极度担心；超过3分的项目可以具体写出担心的人或事。

认真思考，对自己保持最诚实的态度，根据实际情况打分。

1. 失去金钱　　（　）　　2. 失业　　　　（　）

3. 失去亲情　　（　）　　4. 失去爱情　　（　）

5. 离婚　　　　（　）　　6. 被抛弃　　　（　）

7. 工作不顺利　（　）　　8. 他人的批评　（　）

9. 他人的不尊重（　）　　10. 被伤害　　（　）

11. 失去友谊　（　）　　12. 内疚感　　（　）

13. 羞愧感　　（　）　　14. 失去青春　（　）

15. 失去竞争力（　）　　16. 失去自由　（　）

17. 权力削弱或地位下降　　　　（　）

18. 无法组建自己的家庭　　　　（　）

19. 无法得到性满足　　　　　　（　）

20. 失去现有的幸福　　　　　　（　）

21. 无法得到某个承诺　　　　　（　）

22. 物质上得不到满足　　　　　（　）

23. 失去健康（身体/心理）　　（　）

24. 失去晋升的机会　　　　　　（　）

25. 失去受教育的机会　　　　　（　）

26. 其他（注明具体）　　　　　（　）

　　认真完成这两道题目后，你将会对自己内心最深处的需求和最强烈的恐惧有更新、更全面的了解。这些认知和了解将成为你在面对操纵时的潜在弱点，同时也可能成为操纵者试图控制你的关键点。

第七章 自测：你是否正处在操纵关系中

当你明确了自己的这些薄弱之处，如果操纵者承诺能够满足你的深切渴望或帮你逃避最害怕的事物，你将在内心先播下一颗怀疑的种子。这样，你便不会轻易被操纵者拉入万劫不复的深渊。

# 你是否正处在操纵关系中

或许在做完这些题目后，你的脑海中已经浮现了某个高度可疑的操纵者。理想的状态是，在他们试图引诱你落入操纵的陷阱之前，你就迅速与之保持距离。然而，实际情况可能是：你已经不知不觉踏入了他们精心编织的蜘蛛网，甚至可能在他们的掌控下感到束缚和不适。

重要的是要意识到，任何人都有可能成为操纵你的人，无论是父母、兄弟、伴侣，还是同事、朋友、老师、领导，甚至是生活中与你有交集的其他人。

接下来提供的小测试，可以帮助你验证在完成题目时心中涌现的那个可疑人物。

答题规则：

从 1 到 5 代表着认可程度，1 是完全不认可，5 是极度认可；将分数一一算出来后相加即为最终所得分数。

认真思考，对自己保持最诚实的态度，根据实际情况打分。

1. 我渴望能让 TA 感到快乐，但往往不知道该怎么办。

2. 我总是猜不透 TA 到底想要什么。

3. 我与 TA 之间的关系和谐与否，似乎总是取决于 TA 的心情是否愉悦。

4. 在与 TA 的相处过程中，我总觉得自己做得不够好。

5. TA 似乎并不了解我真正的需求。

6. 有时候，TA 的某些行为让我非常反感。

7. 我不敢在 TA 面前流露出任何负面情绪。

8. TA 总是能轻易左右我的情绪起伏。

9. 在与 TA 的交往过程中，我时常觉得自己被利用，甚至被剥削。

10. TA 对我的态度常常让我感到沮丧和失望。

11. 在对对方好的方面，我自认为做得比 TA 更周到。

12. 在 TA 面前，我总是谨小慎微，生怕出错。

13. 我会竭尽全力避免激怒 TA。

14. TA 对我的存在似乎并不在意。

15. 当与 TA 发生争执时，我宁愿选择沉默也不愿发脾气，但长此以往，内心感到无比压抑。

16. 认识 TA 之前的我比现在更加自信出色。

17. TA 似乎并不关心我是否真正得到了好处。

18. 我对 TA 的依赖和需求，远远超过了 TA 对我的。

19. 有时我觉得自己仿佛被这段关系困住了。

## 第七章 自测：你是否正处在操纵关系中

20. 相比自己做出判断，我更倾向于信赖 TA 的建议。

21. TA 对我的控制力似乎超过了我对 TA 的影响力。

22. 我非常害怕让 TA 感到失望。

23. 我总担心不按 TA 意愿行事会有不好后果。

24. 无论我付出多少努力，TA 总能轻易让我觉得自己的付出还远远不够。

25. 有时我觉得 TA 在利用愤怒或失望等情绪来恐吓我。

26. 在这段关系中，我很难保持自我。

27. TA 对我的影响深远，包括思维方式和行为举止。

28. 我无法改变 TA 的想法和行为。

29. 有时候我能做些事情让 TA 开心，但这种快乐总是很短暂，难以持久。

30. 在这段关系中，我比 TA 更加用心地经营和维护着。

将得分相加，您可以根据最终分数段来寻找对应的解读。

**120 分及以上：**

若您得分在这一分数区间，那么您很可能已经深陷于一种操纵关系中。分数越高，意味着这种关系给您带来的心理压力和负面影响越大。精神操纵如同双人共舞，在这段关系中，您的某些举止可能在无意中鼓励了操纵者，进一步强化了他们的控制欲。同时，他们的举动也可能使您更加谨小慎微，从而再次为操纵行为提供了土壤。如此循环不已，直到您完全丧失自我，沦为他们的依附。

100~119 分：

您的得分表明，您可能正处于被操纵的边缘。此刻，您可能在平衡自我情感和顾及他人情感之间摇摆不定。此刻至关重要，您需要立即采取行动以遏制操纵行为的蔓延，防止这段关系进一步滑向深渊；否则一旦深陷操纵的漩涡，将难以自拔。

99 分及以下：

在此分数区间内，表明您在这段关系中成为被操纵者的可能性较低。您选择对这段关系进行健康检查，或许是因为某些细节引发了您的疑虑。这段关系中出现的问题或难点，可能源于多种因素，而并非仅仅被操纵所致。

操纵关系中存在一个深刻的悖论：决定关系走向的，往往是在关系中看似占据上风的操纵者。而您的分数，实际上反映了您的反操纵能力——分数越低，意味着您在关系中的自我保护能力越强；反之，则表明您更容易受到操纵。

正如我在文章开头所强调的，那些手握牢笼钥匙的囚徒们，急需找到那把无形的锁。因为改变操纵者的行为模式，最根本的途径是调整您自己的应对策略。记住，解锁自由的钥匙始终掌握在您自己手中，只要找到那把锁，您就能重获自由。

# 第八章

## 被操纵的你，成为什么模样

在上一章中，你对自己是否受到操纵进行了初步的自我检测。

现在，我将以治疗者的视角，为可能身处操纵之中的你提供更深入的指导，帮助你识别操纵者在你生活中留下的隐秘痕迹。

虽然许多受害者并未意识到需要寻求专业援助，但既然你正在阅读这本书，说明你对于"是否遭受操纵"这一问题存有疑虑。那么，就让我们从本章开始，通过剖析被操纵者的心理状况，来探寻你是否已陷入某种操纵的漩涡之中。

## 操纵递进与沟通限制

通常，操纵关系会经历一个所谓蜜月期，在这个阶段，操纵者会刻意展现其友善和积极的一面，以此作为伪装，使被操纵者误将他视为值得深交之人。通过看似无害的交往，操纵者逐渐将被操纵者引入其掌控之中。

当被操纵者的负面情绪累积到需要外界帮助时，这往往意味着操纵者已经进入了收网的最后阶段。操纵的力量就像麻绳逐渐勒紧受害者的脖颈，直至受害者除了顺从别无选择。

从蜜月期过渡到收网期，被操纵者会经历巨大的心理落差和精神压力。由于每个人的性格和所处的操纵关系各异，被操纵者的感受也各不相同。

## 第八章　被操纵的你，成为什么模样

然而，在我多年的临床心理学实践中，我发现大多数被操纵者因为对操纵者的真实目的和动机感到困惑，所以普遍会出现情绪低落、精神紧张和焦虑、担忧等情绪反应。

面对关系的这种转变，并非所有人都会选择忍气吞声。我曾从许多沮丧的患者那里听说过他们尝试沟通的经历，但最终往往以失败告终，伴随着沉默和拒绝沟通。

"我现在没心情讨论这个问题。"

"我没时间跟你说这些。"

"你为什么总是胡思乱想？"

"你不要无理取闹了。"

这些话是操纵者常用的拒绝方式。有时，他们甚至无需言语，仅仅通过沉默或忽视来表达不满，就足以让被操纵者望而却步。

作为被操纵者，与操纵者正面对抗可能会引发更大的威胁。出于自我保护的本能，被操纵者通常会选择避免激化矛盾，因此对方的沉默往往成为沟通的终点。

而在操纵关系中占据主动地位的操纵者，他们享受着控制的权力，并下意识地排斥任何可能导致失控的情形。当被操纵者对这段关系提出疑问或质疑时，对操纵者来说，这都意味着"可能失控"。

因此，在操纵者和被操纵者之间，常常会形成一种（由操纵者主导的）沟通限制。这使得被操纵者无法从操纵者那里获知其真实意图，而沮丧情绪和精神压力却持续存在并不断累积。如果这些负面情绪无法得到有效的表达和释放，它们最终将内化为自我伤害的工具，导致被操纵者遭受更多的情感伤害和精神打击。

## 恐慌的被操纵者

精神操纵之所以能够屡次得手，很大程度上是因为在关系初期，操纵者给予被操纵者的巨大利益，让他们尝到了甜头。然而，这些看似诱人的收益往往暗藏两面性。一旦操纵者将这些利益转化为威胁或损失，被操纵者便会迅速从原本的满足感中跌落，陷入深深的恐慌。

我曾接待过一位女孩，我们暂且称她为 A。

A 面临的问题是难以建立亲密关系，根源在于她无法对他人产生信任感。在多次治疗的过程中，A 逐渐向我透露了她的过去。

她曾深陷于与对方的热烈爱情中，在对方的甜言蜜语的攻势下，甚至愿意拍摄多套大尺度的裸露照片，以满足对方的思念之情。然而，两人的分手并不愉快。对方为了迫使 A 妥协，竟威胁将她的裸露照片发送给她的同事和家人。最终，在对方的胁迫下，A 不得不与他继续交往了一年。

在这个案例中，A 正是因为将"对方炽热的爱"视为对自己魅力的极高赞誉，从而信心倍增，盲目地答应了对方拍摄裸照的要求。然而，狡猾的对手却将这些"爱的证据"变成了胁迫的工具。在一次次的胁迫中，A逐渐陷入了焦虑和沮丧的深渊，甚至多年来一直沉浸在自我谴责的情绪中无法自拔。

从上述案例可以看出，操纵行为具有极强的胁迫性，这会给人带来无尽的焦虑和沮丧，有时甚至会引发敌意和愤怒。在面对无法改变的现实情况时，被操纵者往往会将情绪转化为自责，认为是自己愚蠢的错误决策导致了当前的困境。操纵所带来的有毒情绪就像一把邪火，瞬间将被操纵者的自信和快乐燃烧殆尽。

## 难以满足的被操纵者

自从我踏入这个行业，我遇到的那些陷入精神操纵关系中的受害者们，几乎都对与操纵者的关系感到深深的失望和困惑。由于操纵关系的本质就是为了满足操纵者的利益，这种关系的不平衡使得被操纵者不可避免地处于被剥削的地位。

在这个过程中，被操纵者往往会将自己的价值与操纵者是否愿意改变行为紧密相连。然而，在我接触过的案例中，几乎没有成功的。

患者A是一个刚毕业不久的年轻人，经过多轮面试后终于进入了心仪的大企业工作。

由于上司对他的看重，A对自己的要求也变得非常高，甚至将上司的肯定作为衡量自己价值的标准。在经过一系列来自上司的批评和打压后，A多次尝试重新获得上司的认可，但都没有成功。

这导致A一度陷入自我怀疑，情绪崩溃，甚至开始质疑自己的职业选择和生活方向。

在与我交谈时，A曾这样表达："如果我能够向他展示我出色的工作能力，他一定不会这样对我的。"

他坚信上司的批评和否定是因为自己的"失败"，只要自己足够优秀，就一定能得到上司的认可。

在这个案例中，A已经放弃了自己的独立思考和判断能力，盲目地追随上司的意愿和指示。他的"不满足"源于上司的打压，同时他也将自己的价值与上司的认同等同起来。这意味着，他想要重拾信心，只能依赖于上司态度的转变。

然而，期待操纵者态度软化，本质上是在期待他放弃操纵行为，这种期待确实有些不切实际。

从这个案例中我们可以看出，如果被操纵者将自己的价值与操纵者的改变紧密相连，那么他们的自信心就已经被操纵者所掌控，其自尊心也必将受到侵蚀。

第八章　被操纵的你，成为什么模样

## 情绪失衡的被操纵者

　　为了迎合操纵者的需求，被操纵者的利益往往受到剥夺，其自主意识逐渐被侵蚀，自尊心往往是首先遭受打击的对象。

　　长期的屈从与被迫顺从使得被操纵者的真实需求被深藏，而低自尊又进一步加剧了他们的依赖感、无助感和失控感，这些都是诱发抑郁症的高危因素。

　　此外，操纵者长期对被操纵者需求的忽视和拒绝满足，导致了被操纵者的深深失望。这种失望累积到一定程度，就会转化为愤怒，进而引发难以控制的攻击性。

　　起初，被操纵者可能会尝试隐忍，但隐忍是有限度的。当情绪积压到临界点时，爆发变得不可避免。然而，值得注意的是，尽管负面情绪源于操纵者，但被操纵者很少直接将愤怒和攻击性发泄到操纵者身上。他们或许因为恐惧，或许因为不愿，而缺乏直接对抗的勇气。由于缺乏有效的情绪宣泄途径，他们最终往往选择自我伤害，这样的案例不胜枚举。

　　在这些操纵关系中，辱骂、监视、身体惩罚等种种手段使得被操纵者们无法打破被操纵的隐形契约，更无力与操纵者正面抗衡。他们在妥协中承受着操纵者施加的巨大压力。现代医学压力理论之父汉斯·西利博士曾指出，最危险的压力往往来自他人的施加。他建议，一旦意识到有人刻意对你施加压力，应立即切断与这个人的联系，这才是自我救赎的正确途径。

## 陷入思想囹圄的被操纵者

由于操纵关系所具有的胁迫性和无规律性，被操纵者长期承受着巨大的压力。这种压力仿佛一把钳子，紧紧束缚着被操纵者的认知、思维和判断能力。同时，由于认知和思维的受限，被操纵者往往陷入自我束缚的困境，他们只能得出"如果不遵从操纵者的指令，将面临更大的危险和更深的困境"的结论。

因此，被操纵者常常会陷入一种"自认为是受害者"且"无法逃脱"的境地。一旦形成这样的认知，无助、焦虑、恐慌等负面情绪将被进一步放大，从而促使被操纵者放弃摆脱现状和自我救赎的尝试。这进而使他们陷入更深层次的被操纵状态，最终甚至可能成为操纵者的帮凶。

当然，每个人的情况都是独特的，所以结果也会有所不同。某些人格特质和特定时期的需求可能会使人更容易陷入操纵的陷阱。这一点在之前的章节中已经详细讨论过，因此在这里不再赘述。

# 第九章

# 逃脱操纵：致已陷入操纵关系的你

身为受害者，你可能已经历了私人领域被侵犯、自主意识被削弱、负面情绪充斥内心的痛苦经历。

若你渴望重新夺回人生的主导权，那么你是自己唯一的救星；若想摆脱操纵的束缚，唯有依靠自身的力量才能实现。这项任务艰巨而复杂，因为你将面对双重挑战：一方面是狡猾的操纵者，另一方面是你内心软弱的一面。

有些人妄想通过改变操纵者来摆脱操纵关系，这简直是不切实际的幻想。这好比是期望一匹饥饿的狼放弃嘴边的羔羊，几乎是不可能达成的奢望。

你唯一能够掌控的，是你自己。

## 向外：要么反抗，要么脱离

如果你现在还深陷操纵关系的漩涡中无法自拔，那么你的首要之务就是拒绝再顺从。即使内心有个声音告诉你这样做可能会影响操纵者对你的看法，你也要坚守立场。要明确的是，给你带来沉重的无形压力的关系，绝非健康的社交关系。

要从一个顺从的被操纵者身份中解脱出来，有两种途径可选——一是反抗，二是逃离。

第九章　逃脱操纵：致已陷入操纵关系的你

## 反抗

反抗是一种直接的方式，它能如盾牌般将你与伤害隔离，同时让操纵者伸出的手触碰到坚硬的铁板，警觉的操纵者会立刻察觉到你的新防御。

通常，当操纵者感知到你的反抗行为后，他们会迅速采取更严厉的措施和手段，试图穿透这层防护，以防你摆脱他们的控制。

然而，如果操纵者发现你即使在更大的压力下也毫不屈服，他们可能会改变策略——

一是适应你的变化，使这段关系重新回到双方相互制约、相互平衡的状态。

二是放弃对你的操纵，寻找新的目标。

需要明确的是，只要你能够顶住不被操纵的压力，你就能重新夺回在这段关系中的话语权。这对你来说可能极具挑战性，因为人们往往习惯于遵循既有的规律行事。但是，为了重新获得自己的自由，这样的突破是至关重要的，它关乎你的自由权、自主权、自尊心和人格的完整。

有些操纵关系深植于双方的潜意识中，例如亲子关系中的操纵行为。长时间养成的习惯会逐渐内化为自我约束，这使得反抗操纵变得异常困难。

然而，在这一类操纵关系中，如果能够实现成功的反抗，那么转化为更健康、更平衡、更相互尊重的关系的可能性会更高。

此外，操纵者的人格特质也是一个重要因素。如果你还记得关于操纵者类型的内容，就会知道患有人格障碍的操纵者比想象中更难以应对。他们内心深处不愿意改变自己的行为模式，也缺乏改变的能力。因此，当你坚决反抗，且他们发现无法改变你时，他们很可能会放弃你，转而寻找一个更顺从的目标来继续他们的操纵游戏。

在面对上述情况时，你可能会选择从这段关系中抽离。接下来，我们将继续探讨逃离操纵怪圈的另一种方式——脱离。

## 脱离

在深思熟虑之后，你或许会意识到，自己难以构建起坚固的抵抗防线，或者操纵者根本无法容忍你的任何反抗。此刻，你可能已无力再为这段关系的未来而努力，无论是否能让关系重回正轨，你在其中所受的伤害都已让你明白，这段关系已没有修复的必要。

此时，选择从这段关系中抽身而退，或许是一个更为明智且有效的决策。要知道，离开，本身就是一种决绝的抵抗，不给对方留下任何机会。

虽然挥刀斩断一段关系会带来情感上的打击与痛苦，即便这段关系早已是满目疮痍、无益于身。

你需认清一个事实：如果在这段关系中，你必须扮演顺从的弱者，成为任人摆布的木偶，如果这段关系要求你牺牲自尊、人格与自由，那么它已无法符合你的个人利益。在这样的前提下，这段关系只会带给你更深的苦难和剥削。

第九章　逃脱操纵：致已陷入操纵关系的你

当你洞悉其中的缘由，再回首望去，无论是亲情、爱情、友情，还是工作或学习上的关系，只要对方试图对你进行精神操纵，那么这段关系对你来说，注定是一场彻底的灾难。

# 向内：是脱敏，也是自救

在意识到需要开始反抗的那一刻，你很可能也发现了自己在这段关系中经常感到焦虑、恐惧或内疚的根源。这些负面情绪的来源，正是操纵者精心布置的"地雷"，它们被巧妙地埋设在你敏感的情绪防线之前。每一次这些"地雷"被触发，都会引发情绪的溃散，驱使你按照操纵者设定的路径逃窜，进而激发出你的屈服与顺从，使你逐步被操纵者掌控。

### 被操纵者的咬钩"三件套"

操纵者总能精准地找到你的情感弱点并巧妙触发，从而引发你的自我怀疑，进一步点燃你的负面情绪。他们的策略核心在于激发**焦虑、内疚和恐惧**。这三种情绪极易形成习惯，主要源于我们对他人的依赖和责任感，这是人际交往中难以避免的情感纽带。

通过含糊其词的话语、不断的批评和刻意的对比，操纵者能够迅速激起你的负面情绪。这些蔓延的情绪几乎立刻就会促使你对操纵者产生屈从和顺从。对于情绪敏感的人来说，这种手段尤为奏效。

因此，降低对焦虑、内疚和恐惧的敏感度，是我们抵御操纵的第一步。

首先，我们需要认识到，焦虑、内疚和恐惧这三种情绪常常是相互交织的，特别是焦虑和恐惧，它们之间存在着特殊的联系。

焦虑是一种没有明确对象的恐惧，它广泛且抽象，随着事情的不确定性而增强或减弱。当你为多件不同的事情担忧时，这些担忧会引发连锁反应，进而产生焦虑，使你处于高度紧张的状态，却难以找到具体的焦虑源头。

操纵者会运用含糊的语言来描绘未来可能发生的事件，这些事件或许会发生，或许不会，但它们必定是你所关心的，从而引发你的焦虑。此外，操纵者也善于利用微妙的对比来加剧你的焦虑。

而恐惧则与具体的结果紧密相连。操纵者通过唤起恐惧来迫使被操纵者服从自己，这就是我们常说的恐吓手段。

你可以自己尝试使用操纵者常常对你使用的这些手段，知晓其中奥义后，将会为你的情绪敏感穿上一层保护衣，使你不再像以前那样轻易屈服于操纵者的要求，至少在第一时间不会只想到屈服。

请深入思考，你的焦虑情绪通常源于何处？

同时，我列出了操纵者常用的恐吓手段，包括但不限于：

· 否定态度。

· 抛弃威胁。

· 表达愤怒或厌恶。

- 挑起冲突和正面对抗。
- 指出错误或变化。
- 利用难以拒绝的特性进行引诱。
- 孤立威胁。

你可以对照这些手段，看看你的焦虑来源与它们有何重叠。

须知，焦虑和恐惧这两种情绪极具蔓延性，一旦露头，便会如爬山虎般迅速攀爬、扩散，进而形成情绪习惯。操纵者只需让你体验一两次这样的负面情绪，此后，他的某个动作或某句话都可能触发你的焦虑或恐惧反应。

接下来要探讨的是内疚感，它在这种情绪操控中扮演着独特角色。内疚往往源于被操纵者过度的责任感，即对他人的情感或经历产生不切实际的理解，错误地将自己视为对方不幸的根源。

操纵者若利用你这一弱点，仅需向你展示他的不幸，并暗示是你的责任，便可轻易引发你的内疚。他们通常会采取以下步骤：首先，通过面露不悦、情绪低落、抱怨、生闷气或哭泣等方式扮演受害者；其次，指出你说的某句话或做的某件事直接或间接导致了他们的不幸。

如果你在日常生活中仅仅因为拒绝他人就会感到内疚，那么操纵者只需找到你的情感软肋，便能轻易利用你的内疚感来控制你。同样，前面提到的焦虑和恐惧情绪也会在你无法承受时发出警报。由于你处理自身负面情绪的方式存在缺陷，每次警报响起时，你都可能将它们视为需要立即消除或制止的威胁。

狡猾的操纵者会趁机而入，向你递上一根看似能逃出生天的绳子。然而，你或许未曾意识到，绳子的另一端已被他们牢牢掌控。

我希望你能明白，你所感受到的压迫感和紧迫感部分源于操纵者的压力，部分则源于你自身对负面情绪的反应。压迫感是真实的，但紧迫感却是虚假的。紧急情况并不存在，即使你没有立即安抚自己的焦虑、恐惧和内疚情绪，也不会因此走向自我毁灭。然而，若一直跟随操纵者的步伐，你将会彻底失去自我。

事实上，你越尝试忍受这些负面情绪，就越容易消除不适感。这种现象在心理学上被称为"习惯化"。

在进行习惯化练习之前，你可以尝试进行一些脱敏训练，以减轻对单纯依赖意志力的需求。

脱敏训练的基本原则是：当你在负面情绪中无法自拔时，为自己创造一个安静且无干扰的环境。回忆操纵者给你带来的强烈负面情绪，并通过深呼吸等行为调节方法，将自己的身心调整至放松状态。

具体操作可以这样——

首先回想一下，令你印象深刻的，给你带来恐惧、焦虑、内疚等负面情绪的时刻或场景，最好选择3个以上，用文字尽可能细致地将当时的情形与心情描写下来。随后将这些文字念出来并录下。

其次是找一个令你放松且舒适的地方，可以是沙发也可以是床，以一种你自己觉得舒服、安心的状态坐下或躺下，让四肢也尽可能处于一个放松的状态。

接着是调整呼吸，先鼻吸气、嘴吐气的模式，进行 5 次深呼吸，结束后会发现整个人更舒适轻盈，接着就是保持一个持续且有规律的呼吸节奏。这个时间可以持续到 3 分钟左右。

最后是在呼吸有序、思绪平静的情况下，打开刚才录下的音频，闭上眼睛，在心里重现你描述的内容，清晰地感受自己当时的情绪，重新体会那些令你焦虑的、恐惧的、内疚的过程，与此同时，多多关注在再次体验这些负面情绪时，你的呼吸、你的身体是如何让自己平静又放松下来的。

这个训练一天需要练习两次以上，并持续一到两周，多次循环训练后，你会掌握一套属于自己的脱敏流程。在以后真正再次遇到自己负面情绪爆发时，你可以用在这个训练中得到的呼吸法与肌肉放松法来应对。

## 摆脱操纵的策略

调整思维方式是挣脱操控的首要之务。通过策略性地逐步推进，我们的抵抗力度将随着每一步的实施而逐渐增强。接下来，我会详细解析每个步骤及其对应阶段，并向你传授具体操作方法。你可以根据自身情况和需求来灵活应用。无论你是否采纳全部步骤，这套方案都能有效地打破操控，为你创造逃脱的机会。每一步骤，即便单独实施，也能助你塑造更积极健康的心态。

重要的是，每个步骤都具有实际效力，能够显著提升你的自我掌控感，并减轻你作为受害者的无力感。与之相应，一旦操纵失效，原本施加在你身上的压力将转移到操纵者自身。此时，操纵者可能会变换手法继续尝试控制你，或是选择放弃，转而物色新的目标。

## 步骤 1：拖延时间

操纵者常常运用各种手段来施压，试图让你遵循他们的意愿行事。他们的策略大致可分为两类：一是欺凌，例如愤怒地喊叫甚至动手等激烈行为；二是消极反馈，如冷淡、哭泣、抱怨或是冷暴力等。在长期的压力下，你可能会形成一种条件反射，即在操纵者提出要求时，你会不假思索地立即服从。

为了打破这种被动服从的模式，我们需要采取抵抗行动，以此来重塑关系的平衡。

当操纵者对你提出要求时，你应该为自己争取一些思考的时间，哪怕只是短暂的几分钟。

如果是在面对面的交流中，你的目标是为自己争取一个缓冲期。在回应之前，你可以借口去卫生间、喝水，或是走到户外深呼吸，这些都能帮助你缓解紧张的情绪，从而做出更为明智的回应。

若交流并非面对面进行，比如操纵者通过电话或网络对你发号施令，那么你就更有机会争取到这段宝贵的冷静期。

以下是一些建议的话术，可以帮助你拖延时间，以便在操纵者提出要求时，为自己争取到思考的空间：

——我需要一点时间来想一下你刚才说的事情，我稍后会答复你。

——这件事需要进一步考虑细节，所以我还在思考，我会尽快答复你。

——我没办法立刻给到你回复，我得再想想，待会我想好了跟你说。

——这件事非同小可，我需要再仔细想想，我会尽快告诉你我的想法。

使用这些话术的目的不仅是向操纵者表明你不是一个任人摆布的角色，同时也是在宣示你需要时间思考这一决定的自主性。

在练习这些话术时，记得面带微笑，以温和而平静的态度表达，让你的声音充满自信和坚定。

建议每天重复练习这些话术 3-5 次，可以和朋友一起，也可以对着镜子自我演练。直到你能够在面对操纵者时毫不畏惧地说出这些话，且眼神坚定、语气果断。

在这个阶段，你可能会感到内心极度不适，因为你正在挑战和改变那些根深蒂固的行为模式。走出舒适圈的压力可能会非常大，但你必须坚定决心，从服从转变为抵抗，打破那种消极的强化联系。

## 步骤2:"马冬梅"式应答

在经历你首个步骤的拖延策略后,操纵者无疑会对你的这种行为表示反对。他们期望你毫无异议地遵从,而你的回应却是在挑战他们的控制欲。因此,在这一环节,你需要坚守立场,面对操纵者持续施加的压力,既不做过多解释,也不轻易放弃。明确地向他们传达你的态度——

"你的话我听明白了,但我还需要再考虑一下。"

这就像那位被问路的大爷,面对关于"马冬梅"的询问,他以"马什么梅""什么冬梅""马冬什么"来回应,听似回应了却又没给出明确答案。这种巧妙的回避方式,我称之为"马冬梅"式回答。

当操纵者对你提出要求时,你可以先确认你已听到并理解他们的意图,并能准确地反馈出他们所表达的情感或需求。但在表明你的立场时,可以采用重复同一理由或借口的方式来回应他们,使操纵者在情绪上感到挫败却又无可奈何。

举个例子来说明——

操纵者:"你能否协助我完成这个项目?我知道你很忙,但我确实找不到更合适的人选了。"

你:"请稍等我一下,我稍后会给你答复。"(为自己留出

第九章　逃脱操纵：致已陷入操纵关系的你

冷静思考的空间。）

操纵者："今晚需要你加班完成这个项目，它对我们至关重要。"

你："抱歉，刚才在忙，你说的是什么项目？"

操纵者："就是那个项目，你知道的！你是不是不愿意帮我？"（对方语气透露出难以置信。）

你："抱歉，我现在太忙了，请稍等，我忙完后考虑一下再答复你。"

操纵者："你还需要考虑什么呢？我们这边情况紧急，否则也不会找你了。"

你："我理解你的紧急，但我真的需要考虑一下。"（表达理解的同时坚持自己的立场。）

操纵者："我找了好几个人，都支持我，现在就等你了。你还在犹豫什么？怎么像个小孩子一样不懂事，这是工作！"

你："我知道，但我真的要考虑好了再做决定。"

操纵者："我现在急需你的帮助，你就是这样对我的吗？你到底在考虑什么？能告诉我吗？"

你："我理解你现在的心情，但很抱歉，我确实需要仔细考虑。"（深呼吸以保持冷静，不做过多解释，反复重申同一件事，继续拖延下去。）

操纵者："你必须立刻做出决定，我们没时间等了。"

你："我理解，我理解，但我真的需要再考虑一下。"（你

143

快要胜利了，对方已经在愤怒了，继续坚持。）

操纵者："如果你这样做事，以后别想从我这里得到任何好处！"

你："好的，再见。"

这段对话看起来是不是有些荒诞？

实践证明，这种看似荒诞的方法，却能为摆脱操纵提供实实在在的力量。从上述例子中，我们可以看到操纵者在反复被拒绝后变得抓狂和愤怒，不断施加压力，但目标者却未对任何问题做出解释或回应。尽管目标者准确地反馈了操纵者的情绪，但他的回应却像那位被问路的大爷一样，只是重复说着对操纵者来说毫无意义的话语。

采用这种在操纵者眼中看似懦弱却又坚定的态度，可以让操纵者束手无策、无计可施。

你可以尝试写下那些在现实中曾经发生或可能发生的对话，并运用这种回应方式来撰写你的回答。将这些对话视为一个脚本，在日常生活中不断地练习表达。你可以找一两个值得信赖的朋友或家人一起练习，并从他们那里获取反馈。同时，加强你的肢体语言、眼神交流以及保持平稳的声线和音调，努力展现出更有力量和自信的自己。

## 步骤3：提升对负面情绪的容忍度

操纵者们常常通过触发你的焦虑或恐惧来迫使你顺从。为了抵制这种操纵，改变你对负面情绪的过度反应至关重要。让自己多次置身于这些情绪中,逐步适应它们,通过反复的习惯化训练来减弱对这些情绪的紧迫反应,从而达到脱敏的效果。

在应对负面情绪时,你可以降低情绪的紧急程度或强度。这可以通过心理脱敏技巧来实现:

在回想操纵者带给你的强烈负面情绪时,采用如深呼吸等行为调节方法,帮助自己进入放松状态。

在之前的小节《被操纵者的咬钩"三件套"》中,我们详细描述了这一操作。如果你已经尝试过,相信你能深刻感受到脱敏为抵抗操纵所带来的力量。

## 步骤4:建立属于你的抵抗系统

在前文,我多次提及的"共谋",你应该还有印象。一旦你默许了操纵者的行为,就相当于与他们达成了某种默契,这赋予了他们操纵你的权力,你就成为这场操纵游戏里的共谋者。

要打破这种默契其实并不难,关键在于你要明确地揭露这种关系的操纵本质,将原本的共谋关系重新定义为操纵与被操纵的关系,从而重置权力的天平。

操纵行为,就像那冬日藏在阴暗角落的积雪,见不得阳光,只需给予足够的光照,便会迅速消融。因此,最有效的抵抗方式是构建一个属于自己的防御体系,用强光照亮操纵者隐藏的阴暗角落,使之无处遁形,失去效力。

美国著名心理学家哈丽雅特·布瑞克在其著作中介绍了一种

"ABCD 公式"法，这是她在为患者进行操纵分析时常用的方法。该公式能够帮助你迅速识别操纵者的手段与你的感受之间的联系，并为你指出替代当前操纵行为的方式，从而帮助你更快地识别操纵行为并明确自己的需求。

"ABCD 公式"的构成如下：

A：令人不悦的行为。

B：某种情绪。

C：可以替代 A 的另一种行为。

D：某种情绪。

公式表达为：

当你【A】时，我感到【B】。

如果你能停止【A】并采取【C】，我会感到【D】。

例如，我的一个患者有个控制欲极强的父亲，他运用这个公式时是这样表述的：

当你【对我大吼大叫】时，我感到【受压迫和焦虑】。

如果你能停止【对我大吼大叫】并【平和地与我交流】，我会感到【被尊重和能够沟通】。

通过这个模式，我们可以轻松地识别操纵行为、你的反应、更好的替代方式以及可能带来的新反馈。你可以尝试找一个信任的朋友或家人，让他们模拟操纵者的【A】行为，然后你根据公式的指导做出反馈。这也是一种有效的抵抗方式。

这个公式的价值不仅在于它能精准地指出问题，更在于它能让被操纵者从自己的角度出发，对自己的情绪负责，而不是陷入指责操纵者的漩涡中。

通过反复练习，你的抵抗能力将得到提升。当再次遭遇类似的操纵手段时，你将能够迅速识别其意图，并找到适合自己的应对策略，为进一步的抵抗做好准备。这是你构建抵抗体系的重要一步。

现在，请回顾一下你最近遭遇的操纵事件，并尝试找出操纵者在你身上寻求的具体目标。他们想让你说什么？想让你做什么？想让你服从什么命令以达到什么目的？这可能是一个具体的事件，也可能是一个更广泛的概念。通过观察，你可以更好地识别操纵者的真实意图。

在此过程中，我们可以先总结一下操纵者常用的手段。为了实现目标，操纵者往往会采取以下行为。我列出了这些行为，你可以圈出你经历过或遭受过的行为，并补充我没有提到的行为。

1. 提高嗓门/尖叫。
2. 诅咒/辱骂。
3. 面露不悦之色。
4. 讥讽地嘲笑。
5. 沉默/冷落。
6. 在人群中公开指责。

7. 批评指责。

8. 哭泣、卖惨。

9. 叹气以表达不满。

10. 威胁／恐吓他人。

11. 说风凉话讽刺。

12. 摔门而去／摔东西泄愤。

13. 嘲笑、奚落。

为了让操纵失效,你需要向操纵者明确表达你了解他们的目的和手段,并阐述你对这些行为的反应。如果你不知道如何组织语言,可以参考以下句式:

"我知道你想让我做这件事(目的),但你使用的方法(手段)对我没用(强调你的态度)。"

这样做的目的是让操纵者明白,你不仅了解他们的意图,而且以前曾经有效的手段现在已经无法再影响你了。

## 步骤5:宣布你的个人规则

你需要理解,构建防御体系的初衷在于,当你在实践这些行为时,你会更深刻地认识自己,最终实现自我重塑。在调整关系中自我所占的比重时,你也在重新塑造这段关系的权力结构。这是有效遏制

第九章　逃脱操纵：致已陷入操纵关系的你

操纵者继续使用其卑劣手段的关键。

至此，你已具备重新设定个人界限的能力。你可以自信地向操纵者表明你的不愿被操控的立场，并明确、直接地向他阐述你的新交往原则。

这份"独立声明"应包含以下内容：

　　我愿意/不愿意做的事情。
　　我不会容忍自己受到伤害。
　　我不接受任何形式的操纵。
　　我有自己的期望和偏好。
　　我坚信，我的这种方式将有助于这段关系的持续发展。

面对如此多的"我"字陈述，可能会让你感到难以启齿。因此，多次练习是必要的，甚至可以将其视为一场演讲。无需回避、无需过多解释，只需清晰、直接地表达你的立场。因为，这是你摆脱操纵、宣告独立的声明。

同时，你可能会对发表这样的声明感到不安，担心操纵者的反应不如你所愿。事实上，操纵者可能确实不会立即顺应你的期望。但请记住，不要让负面情绪左右你的行动，否则你之前的所有努力都可能付诸东流。你必须认识到，如果不摆脱这种操纵，你将面临可预见的结局：丧失自我、失去独立、不再完整。这些才是真正令人恐惧的。

在你发表"独立声明"后，需要意识到操纵者可能会有以下几种反应阶段：

首先，他可能会增加压力和胁迫，试图以此迫使你屈服。

其次，当发现这种方式对你不起作用时，他或许会放弃，或许会继续施压。

最后，他可能因无法再操控你而选择妥协，或者完全放弃与你的关系。

从实际角度看，你的独立诉求就像是你与操纵者关系的试金石。如果他宁愿结束这段关系，也不愿尊重你的独立性和完整性，将维持这段关系的基础完全建立在对你的剥削和操纵上，那么，离开是保护你身心健康的最佳选择。

你应当明白，在这个试金石般的挑战中，唯有持续抗争，不断重申你的需求，你才有机会赢得最终的胜利。而此处所指的胜利，并非指使操纵者低头，而是指你能重新夺回对自己思想和需求的掌控。

请深深刻印在心，操纵之所以得以实施，是因为操纵起到了作用。一旦其效果消失，操纵行为自然就不复存在。而要让操纵失去效力的最佳方式，就是调整你的应对策略。你需要摒弃对操纵者认可的渴望，不再害怕其愤怒，也不再逃避与其对抗。只要你能做到这些，任何深层次的操纵都将不攻自破。

## 步骤 6：构筑新的相处模式

在所有的操纵关系中，操纵者通常不会考虑如何实现被操纵者的需求和愿望，因为选择成为操纵者的人往往只关注自身的利益和兴趣。

## 第九章　逃脱操纵：致已陷入操纵关系的你

然而，现在情况已经发生了变化。

在经历上一节的试金石训练之后，如果操纵者展现出愿意妥协和协商的态度，接受你们之间朝着更健康的关系方向发展，并愿意为了双方的共同利益做出改变，那么我们就进入了抵抗策略的最后阶段——建立新的相处模式。

在这一阶段，双方可能仍然在思想和行动上存在一些偏差。这里所说的不仅仅是争吵或正面对抗，更多的是指在处理同一件事情时，双方对各自的做法和利益有着不同的倾向和需求。

由于操纵者此时已经无法像过去那样独断专行，双方需要进行沟通。如果在此过程中，你无法提出更具建设性的解决方案，那么事情可能会因为惯性而回到原点，使你再次沦为只能听从命令的傀儡。

为了避免这种情况，你可以尝试使用一个新的方法，我称之为"ABCDEFG 公式"。这个公式适用于双方在利益、喜好和价值观发生冲突时，通过它可以找到妥协和协商的解决方案。

接下来，我们来看看这个"ABCDEFG 公式"的具体组成——

公式：

A. 明确且确切地阐述对方的观点或立场。

B. 向对方传达你对其观点或立场的理解。

C. 清晰而坚定地表明自己的看法或立场。

D. 通过直接的问答来确保双方对彼此的立场有准确的理解。

E. 将过去的操纵者纳入协商过程中，共同寻求满足彼此需求的妥协方案，并按优先级进行排序。

F. 让曾经的操纵者在公正的条件下进行随机选择。

G. 采用交换或轮流主导的方式与曾经的操纵者进行合作。

依然是举一个我病人的例子。他有一个控制欲极强的父亲，当他与父亲就使用电脑的时间产生冲突，他尝试做这道公式的时候，他是这样组合的——

A. 我了解到你晚上想用电脑。

B. 你是想观看那场球赛吧？

C. 不过，我今晚需要用电脑来完成一些工作。

D. 再次确认那场球赛对你的重要性，同时你也可以问我更多问题。

E. 那么，我们能否共同想出一个解决方案，既能让我完成工作，又能让你观看球赛，达到双赢？比如，我们可以考虑去网吧。

F. 如果我们无法协商达成一致，我们可以通过抛硬币或掷骰子的方式来公平地决定谁留在家里，谁去网吧。

G. 或者，我们可以这样安排：今晚我用电脑，你去网吧看球赛。我知道你明天晚上还想看另一场比赛，那么明天晚上

第九章　逃脱操纵：致已陷入操纵关系的你

我去网吧，你在家用电脑。或者今晚你在家用电脑，明天晚上则换我在家用。

这一步的构建极具建设性意义，因为它实质上是对操纵行为的彻底取代。这套新的相处模式的核心在于双方的妥协与协商。当彼此能够真正倾听并理解对方的需求，同时在解决问题时选择能为双方带来共同利益的方式，而非仅仅满足一方的至高无上的地位时，操纵的恶性循环便会被彻底打破。

## 选择：是你的战斗

整个抵抗操纵的流程，旨在帮助你展开对操纵的反抗并夺回个人的自主权。然而，正如我在前文中所提及的，操纵者的反应可能不会完全如你所期望。那么，当他们的反应超出你的预期时，你该如何选择呢？

每段操纵关系的情况与复杂性都是独特的，因此，是坚持抵抗还是选择撤退，需根据具体情况来决定。在我接触的受操纵关系困扰的患者中，确实有一部分人成功地扭转了被操纵的局面，使关系变得更加积极和健康。但实事求是地说，大多数操纵关系仍然难以改变。

因此，我更倾向于将前面提到的一系列措施视为一种测试，以确定你所处的这段操纵关系是否有改变的可能性。

153

例如，如果你在工作环境中陷入了操纵关系，也许你永远不会选择直接对抗，特别是当你面对的是无法沟通且不可理喻的老板时。在这种情况下，你可能需要采取一些微小的抵抗来减轻部分压力，或者在保留自我和保住生计之间做出选择，比如毅然辞职，寻找新的工作机会。

无论你选择小规模抵抗还是选择离开，现在的你应该明白，长期留在一个被操纵的环境中会对你的身心健康造成毁灭性的打击。

树挪死，人挪活。只有看清局势并灵活变通，你的思想才能保持独立，不被他人操控。

现在，你已经了解了如何摆脱那些让你不快的操纵行为。相信你也已经意识到，选择何种方式、与谁在一起、在何时做何事，这些都是可以由你自己来决定的。

# 第十章 抵抗操纵需提前接种『疫苗』

通过前面的阅读，相信你已经对操纵关系的发展过程有了深入了解。通过之前的小测试，你也应该对自己是否容易成为操纵的对象，是否容易被不怀好意者盯上有所认识。

此外，你也更深入地了解了操纵的本质，并意识到一旦允许他人操纵自己，生活将不再由自己主宰，"自我"这个概念在你的世界中只会变得模糊不清。

如果你习惯于取悦他人，对自我价值认识不足，或者情感过于敏感，这些都可能成为操纵者控制你的工具。每当你试图摆脱控制，这些束缚就会无情地将你拉回原地。

我们还深入探讨了抵抗操纵和摆脱控制的方法。显然，改变操纵者是不切实际的，你只能通过调整自己的行为和认知，来抵制操纵者的命令，并逐步纠正扭曲的人际关系。

那么，如何从根本上避免被操纵呢？

答案就是，将自己塑造成一个难以被攻克的目标。

想象一下，如果你展现出坚不可摧的形象，那么从一开始，操纵者就不会选择你作为他们的目标，因为他们对你能否被操纵毫无信心。

## 找出你惯性思维中的"病毒"

我们深知，一个人的行为往往受自身思维方式的限制。若想让一个长期易受外界感知影响行为的人迈出建设性改变的一步，关键在于从源头上改变其思维方式。

从心理学的视角来看，个体的思维方式、行为和感受之间保持着一种微妙的平衡。这三者中，任何一方面的步调若与其他方面不一致，都会引发一种别扭的不适感，我们称之为"认知失调"。

或许这样解释你仍感模糊，那我们换个角度阐述。认知失调，本质上就是言行不一的状态。这种状态会对我们的心智造成冲击，在多数情况下，人们会因这种矛盾而感到虚假、不真实，甚至思维陷入混乱。

在通常情况下，当我们陷入这种状态，会自发地重新排序并调整，力求使思维方式、行为和感受三者相协调，恢复内在的平衡。

然而，在受到操纵时，我们的思维和行为会受到操纵者的引导和限制。被操纵者长期在行为上无法得到满足和肯定的感受，思维方式便容易被引导至受害者思维模式。这种脆弱的思维方式如同病毒般蔓延，扰乱整个思维体系和价值观。这正是精神操纵后，受害者性格常发生剧变的原因。

## 意识重启

心理学家经过长期研究后发现，让病人书写下原汁原味的想法和感受，可以作为一种强有力的自我表达和反思手段，进而促进改变的发生。这种方法，被称为"表达性写作"，已成为心理学和医学领域广泛采用的一种实践。通过写日记、进行创作性写作等方式，你可以显著提升对自己心理活动的觉知。

这种认知疗法仿佛让你站在一个更高的视角审视自我，更加客观地了解自己的思维流动。这有助于你认清真实的自我，并由此洞察操纵行为是如何改变你的思维方式的。

实施这种方法相当直接，只需遵循以下三个步骤：

1. 自由地写下你内心自发的、不受外界影响的想法。
2. 识别出你的思维模式和行为逻辑中容易被他人利用的认知和态度。
3. 结合第一步中的原始想法，去加强第二步中你认为的薄弱环节。

在梳理这三个步骤时，你会认识到自己思维中的脆弱之处。你会发现，这些脆弱的思维和行为就像病毒一样，使你无意识地迎合操纵者，从而陷入操纵关系的漩涡。

但重要的是要理解，这不是一个一次性的测试，而是一个需要持续调整和维护的自我强化过程。你需要定期检视自己的思维，通过不断的自我测试和了解来找到适合自己的解决方案。你收集的思维方式样本越多，你的自我意识就会更加清晰和坚定。

生活中的许多挑战都隐藏在日常的点滴之中。记录下那些让你产生负面情绪的场景或事件会很有帮助。每个人的情感触发点都是独特的，可能是焦虑、恐惧、内疚、怀疑、悲伤、愤怒或失望等。任何让你感到不快、压抑或尴尬的经历，都值得被记录在你的"意识重启笔记"中。尤其是当你意识到自己被操纵时，这一点尤为重要，绝不应忽视。

务必牢记，每当有事件发生，都应迅速做好记录。即使时间紧迫，无法详细叙述，也可利用短暂空闲，如在洗手间时，打开手机在备忘录或聊天框中输入关键信息。这样，在你有更多时间记录时，便可依据这些关键词迅速回想起当时的感受。

建议你在笔记中明确标注每个事件的发生的具体时间，并简要描述事件及当时的感受。这些记录应真实反映你在事件发生时的"第一反应"，无需华丽的辞藻，只需忠实地记录情感。这样，在后续回顾中，你便能更清晰地识别出自己性格中易受他人影响和利用的弱点。

## 找出症结

在记录笔记的过程中，你可以先思考并回答以下几个问题：

1. 你是否非常在意他人对你的评价和看法，并渴望得到他人的认可和接纳？

2. 你是否会不自觉地做出一些讨好他人的行为？

3. 对于别人的请求或要求，你是否总是来者不拒？

4. 你是否能敏锐地感知到他人的负面情绪，如沮丧、愤怒、失望等，并对此感到恐惧和不安？

5. 你的自我意识是否较弱，对自己缺乏足够的信任，同时也不会主动追求自己的真实需求？

6. 你是否认为你目前的生活状态是由周围人的行为所决定的？

这些问题是否让你觉得似曾相识？它们正是来源于第二章的图谱——《这样的你，正在成为"被操纵者"》。在此需要澄清的是，这些观点是基于大量案例分析总结而成的，虽然无法精确涵盖每个人的独特情感和想法，但它们的目的是帮助你更具体地认识和感知自我挫败情绪的类型和内容。因为这些例子正是操纵者得以掌控他人的"潘多拉魔盒"。

现在，请结合你的笔记和这六个关键点，作为探索的线索，深入挖掘你内心深处的"脆弱按钮"。

## 识别你的"易感体质"

阅读至此，相信你对操纵现象已有了更深刻的认识，同时也对自己的易受操纵特质有了更多的了解。现在，回首第二章的 40 道题目，你会发现，每一个你回答"是"的描述，都揭示了你的一个思维误区。

结合你之前记录的案例笔记，尝试站在操纵者的角度审视问题。思考一下，这样的思维方式为何会吸引操纵者？他们又将如何利用你的思维定式来达到自己的目的？

在深入思考并形成自己的观点后，再继续阅读以下内容。

## 过度渴望他人的肯定

你是否曾有这样的感觉？

1. 我渴望被每个人喜欢，无论是否相识。
2. 他人的肯定是我生活的动力。
3. 批评或否定会让我深感痛苦。
4. 我对自己的看法取决于他人的观点。
5. 只有他人的肯定，才能让我真正快乐。

我们从小就知道，父母的赞许、老师的表扬是对我们行为的认可，这很正常。然而，当这些赞许和认可成为我们行动的唯一目的时，我们便走入了歧途。对夸赞的依赖，本质上与酗酒无异，只是酗酒者通过酒精寻求快乐，而我们则通过他人的肯定来寻求安心。

对于操纵者来说，上瘾者或许是最易控制的人群。他们只需给予一些上瘾者所需的肯定，随后进行威胁：若不服从，对你的肯定便会消失。

## 难以抗拒的讨好他人习惯

你是否有以下这些习惯?

1. 我尽量避免给他人添麻烦,即使需要合作的任务,我也会尽量独自完成。

2. 我相信他人对我表示友善或喜爱,是因为我为他们付出了很多。

3. 如果不帮助他人,我就会觉得自己很自私。

4. 我通过帮助他人、让他们开心来证明自己的价值。

5. 即使内心不悦,我也会勉强自己去做可能让他人满意的事情。

这种思维模式往往源于对他人认可和接纳的渴望,以及对冲突和拒绝的恐惧。在社交中,我们过度追求取悦他人,甚至不惜牺牲自己的需求。这种被"我应该如何"的思想所扭曲的社交模式,通常以自我牺牲来满足他人需求为结局。我们对"他人的快乐"上瘾,并以此为自我价值的体现。

操纵者一旦洞悉你的这一属性,便能轻易利用你"为了做个好人"的愿望,让你不断地付出:既然你愿意为我的快乐买单,那么你就付出所有能付出的,来让我快乐吧!

## 丧失说"不"的勇气

当别人请求你的帮助时,你是否有以下这些感觉?

1. 内心极不情愿,却仍然答应了他人的请求。
2. 一说"不",内疚感便涌上心头。
3. 害怕拒绝后会被怨恨、厌恶。
4. 总感疲惫,因为承诺了太多超出能力范围的事情。
5. 即使面对不太熟悉的人,也难以拒绝。

因为拒绝可能会让他人失望,或引发冲突和不满,所以在你的人生选择中,"不"这个字从未被选中。无论是出于和平的愿望还是软弱的妥协,你的无法拒绝只会耗尽你的精力、压制你的自我,并成为操纵者制服你的帮凶。

你一味地顺从很快就会被操纵者识破。你那种对他人命令盲从的性格,让操纵者无需费力,只需提出要求,你便会全盘接受。

## 对来自他人的负面情绪感到恐惧

当与他人发生冲突时,你会有下面这些感觉吗?

1. 深信冲突只会加剧事态的恶化。
2. 即便遭遇极不情愿之事,亦会为了和谐而选择忍耐。

3. 若与他人发生冲突，恐将断送彼此的关系。

4. 对他人的愤怒、失望与敌意心怀畏惧，竭力规避冲突。

5. 每当与他人发生冲突，总认为是自己的过错。

对于情绪敏感者而言，他们是极力避免正面对抗的，甚至不惜一切代价，只求以某种牺牲换取和平。然而，逃避或委曲求全所带来的短暂安宁并不能真正平息内心的波澜，反而会让人因此陷入沮丧。要知道，在正常的社交互动中，完全屏蔽负面情绪是不切实际的。

操纵者往往会针对你的敏感点出手，他们只需巧妙运用恐吓手段，便能轻易让你屈服。有时，他们甚至无需多言，只需提高声表达不满，你那敏感脆弱的神经便会立刻崩溃，你便会瞬间臣服。

## 缺乏自信、无法自给自足、漠视自我需求

当面对决策时，你会有下面的感觉吗？

1. 自己的决策总是让自身缺乏安全感，引发焦虑。

2. 相较于自己的判断，更倾向于信赖他人的观点。

3. 若无他人协助决策，自身将难以做出选择，无论大小事宜。

4. 自身习惯于收集并遵循他人的人生建议，不断温习、学习。

5. 对自己缺乏信心。

这种性格倾向往往与模糊的自我意识相伴而生。你的自我意识如同一张对焦不准的照片，无法清晰地展现内容。因此，你的自主判断能力受损，难以信任自己。由于个人的价值观无法引导你做出决策，你只能寻求外界的指导，所以你更倾向于依赖他人的判断和引领。

一旦有心人将你引向歧途，翻船便成了迟早之事。在只能依赖外界判断的情况下，事情的发展好坏完全取决于对方的决策。而操纵者可以轻而易举地将你引向那个暗藏绞刑架的小黑屋。

## 习惯于让他人做决定

你是否会产生以下的想法？

1. 自己始终认为，生活中的大部分事情都是在他人的影响或控制下形成的。

2. 自己所遇到的一些好事，多半归功于好运和他人的馈赠。

3. 自己的能力不足以阻止不幸事件的发生。

4. 自幼至今，自己对生活中发生的大部分不幸都感到无能为力。

5. 在亲情、友谊、爱情或同事关系中，自己总是那个被推动、被决定的人。

这种认为他人比自己拥有更大影响力或掌控权的思维方式，在心理学上被称为"外控制型人格"。你容易受到他人的影响，并且始终难以相信自己的命运可以掌握在自己手中。

随着你逐渐成为操纵者的掌中之物，你被外部力量控制的感觉会进一步加深和强化。而毫无自我控制意识的你，就像一只尚未孵化的小鸭，被投入水中也只能不断下沉，因为你根本没有自救的概念。

# 找出你的"易感点"

请取出你的笔记，回顾自己记录下的每一个事件。针对上述提及的"易感点"，请在相关事件中圈出触及你情绪敏感点的部分，并详细记载。通过统计触发你"易感点"的频次，来确定你在哪些方面亟需重点调整。

### 清除思维中的杂质，校准思考的轨迹

操纵往往是一场对弱者的无声掠夺。操纵者如同寄居蟹，总会寻觅空壳或软弱的螺体来侵占。那些思维内核不够坚定的人，便如同失去保护的螺，一旦被操纵者觉察，就会迅速被攻陷，甚至连自身赖以庇护的螺壳都会被操纵者据为己有。

要成为难以被攻破的目标，首要之务是构建健康且独立的思维模式。坚实的内心与坚定的信念将为你铸就一道坚不可摧的屏障，使操

纵者在接近你时便感受到你坚不可摧的力量，因而望而却步。

接下来，我将针对前文提及的"易感点"，提供思维调整的建议。你可以根据自己的笔记，有针对性地关注需要改进的点。只要你认真执行，相信定能助你清除潜藏在思维中的"病毒"，校准思考的轨迹，从而塑造一个更为健康的心态，迎接更加强大的自己。

## 戒掉对"被人肯定"的瘾

有句俗语说得好："你又不是人民币，怎能奢望人人都喜爱你？"虽是戏言，却不无道理。博取所有人的青睐，本就是一项遥不可及的挑战，何必强求自己完成这不可能的任务呢？

诚然，他人的称赞与嘉许能令人心旷神怡，但这绝非衡量人生价值的标尺。我们必须明确，一个人的价值不应由外界因素或他人观点所左右，而应由我们自身来界定和确认。

唯有你自己，方能定义你的真正价值。

> ——"我渴望被每个人喜欢，无论是否相识。"
>
> **思维调整**：既然我无法做到喜爱并肯定每一个人，那么期望所有人都喜爱我，同样是不切实际的。然而，倘若能获得我所珍爱和重视之人的喜爱与认可，那便足矣。至于那些我并不特别在意的人，他们的看法自然也就无足轻重了。

——"他人的肯定是我生活的动力。"

**思维调整**：虽然他人的赞许令人欣喜，但它并非我生活的全部追求；它能带给我欢愉，但无需成为我生活动力的唯一源泉。

——"批评或否定会让我深感痛苦。"

**思维调整**：我不应被负面情绪所束缚。当遭遇批评与否定时，我应学会区分：对方给予的是建设性意见还是恶意攻击。对于建设性意见，我应虚心接受，因为它们并非在否定我本身，而是在指出我的问题，助我进步；面对恶意攻击时，我不应沉溺于消极情绪，更不能让那些企图破坏我心情的人得逞。

——"我对自己的看法取决于他人的观点。"

**思维调整**：他人对我的看法仅仅反映了他们在自己的价值观体系下对我行为的认同程度，而我对自己行为的认同与满足感才是自我价值的真实写照。

——"只有他人的肯定，才能让我真正快乐。"

**思维调整**：对一个人来说，最重要、影响最深远的莫过于对自己的肯定。我的快乐应源自高度的自我认同所带来的内心想法与外在行为之间的高度一致，而非依赖他人虚幻的赞许。

## 戒掉"讨好他人"的习惯

"讨好他人"这一行为在你的思维中似乎被赋予了"应当如此"的标签，这种"应当讨好他人"的观念带有一种隐形的强制和操控性。然而，这种自我施加的"应当"并不会带给你更多的快乐，反而会将你拖入一个无休止的等待他人赞许的被动漩涡中。这会使你持续感到自身的不足和不完美，进而让你陷入对自己失望和愤怒的情绪中，而这正是操纵者乐于见到的局面。

如果你依赖他人的赞许和自己的付出来衡量自身的价值，那么你只会深陷压力的泥潭。

试着转变你的思维方式，用"选择"来替代"应该"，并在行动过程中摒弃"始终"和"从不"这类绝对化的词汇，从而将自己的思想从极端的边缘拉回到平衡的状态。

——"我尽量避免给他人添麻烦，即使需要合作的任务，我也会尽量独自完成。"

**思维调整**：我无法单打独斗地完成所有任务，这种想法其实反映了我对当前局面的失控感。如果我持续牺牲自己、损害自己的利益去迎合他人，最终只会让自己身心俱疲。同时，这也会吸引操纵者的注意，我的这种"讨好行为"会使我成为他们的目标。学会合理分配任务和拒绝不必要的请求，是保护自己不受操纵的关键。

——"我相信他人对我表示友善或喜爱，是因为我为他们付出了很多。"

**思维调整**：我希望别人喜欢我是因为我本身，而不仅仅是因为我为他们做了什么。当我选择帮助他们时，我希望他们感激我的付出，但我不希望他们仅仅因为我的无条件应允和帮助而喜欢我。我更希望他们不是因为觉得我好控制、好剥削而接近我。

——"如果不帮助他人，我就会觉得自己很自私。"

**思维调整**：我并没有义务去满足每个人的需求，既然这不是我的责任，那么我也无需为此感到内疚。过度帮助他人并不会让我变得更优秀，反而可能会让我更容易成为操纵者的目标。我需要在帮助他人和照顾自己的利益与需求之间找到一个平衡点。

——"我通过帮助他人、让他们开心来证明自己的价值。"

**思维调整**：我活在这个世界上的目的并不仅仅是帮助他人。我的善良让我乐于助人，但如果有人帮助我，我也会由衷地感激。我作为一个人的价值，不是他人几句话就能定义的。如果有人利用我的善良试图操纵或剥削我，那是对我的善良的践踏，这是我绝对不能容忍的。

> ——"即使内心不悦,我也会勉强自己去做可能让他人满意的事情。"
>
> **思维调整**:我需要尝试一次,勇敢地表达出自己的真实想法,也许能找到更好的解决方法。即使这样做可能会让他人产生不满,但那也比一直压抑自己,导致自己陷入抑郁、焦虑甚至身体不适要好得多。

## 学习说"不"的能力

当你说出"不"的那一刻,内心可能会涌现出内疚感与歉意,这往往源于你过去的经历、身边重要的人物,或是在某些对你意义重大的事件中,他人强加给你的"应该"思维。这种思维让你习惯于顺从他人的所有要求,从而失去了自我主张。

在面对不应答应的事情时,能够明确而直接地拒绝,是你抵御操纵的首要防线。有效的拒绝不仅可以防止操纵行为的发生,还能减少不必要的精力消耗,减轻压力与纾解抑郁情绪。学会在适当的时候说"不",是自我保护的一种表现。

你的价值并不仅仅体现在对他人无微不至的关怀或服务上,相反,敢于拒绝也是自信心的体现,而自信正是提升个人价值的关键因素。

——"内心极不情愿，却仍然答应了他人的请求。"

**思维调整**：我无法对所有要求都回答"是"，作为一个独立的个体，对于我不愿意接受的事情，我有权利说"不"。我可以根据自己的意愿，将宝贵的时间和精力投入任何人和事上，这是合理且应当的。

——"一说'不'，内疚感便涌上心头。"

**思维调整**：我没有义务满足所有人的需求，因此无需感到内疚。我拒绝的原因是为了保护自己免受不必要的压力，并防止被他人操纵。保护自己是我的责任和义务。

——"害怕拒绝后会被怨恨、厌恶。"

**思维调整**：我会以礼貌和尊重的方式表达我的拒绝。如果对方感到愤怒或不满，那是他们的选择，而我已经在我能控制的范围内尽可能地表现了友好。

——"总感疲惫，因为承诺了太多超出能力范围的事情。"

**思维调整**：人的精力是有限的，我必须将精力集中在对我有意义或我愿意做的事情上。我需要学会说"不"，以确保有足够的精力去做那些对我真正重要的事。如果我继续牺牲自己去满足他人，最终只会让自己筋疲力尽，并导致人际关系的恶化。

> ——"即使面对不太熟悉的人，也难以拒绝。"
>
> **思维调整**：我难以拒绝他人，主要是因为我从未刻意练习过拒绝。但只要我勇敢地迈出第一步，随着拒绝次数的增加，拒绝他人将变得越来越容易。

## 克服对负面情绪与冲突的恐惧

在人与人之间，一定程度的冲突是不可避免的。特别是在亲密关系中，这种冲突的容忍阈值甚至会更高。在健康的人际关系中，适度的冲突与对抗是被允许的。

对负面情绪和冲突的恐惧，往往会因为你的顺从、屈服、抑制或逃避而得到加强。你对冲突和负面情绪的日益增长的恐惧，很容易成为操纵者威胁和恐吓你的工具。

从本质上说，冲突本身并不是关系出现问题的标志。建设性的冲突可以推动关系在磨合的过程中取得显著的进步，并防止相同的问题再次发生。面对冲突，你需要积累经验，学会赋予冲突建设性的属性，合理应对负面情绪与冲突。这也是一个强化自我的过程，使操纵者在情绪压迫方面无机可乘。

> ——"深信冲突只会加剧事态的恶化。"
>
> **思维调整**：如果我们以发展的眼光来看待冲突，就会发现这是一个双方共同发现问题并寻求解决方案的过程。只要

随后的沟通得当，我们就可以建立新的共识，防止此类矛盾再次发生。这相当于从冲突的根源上消除问题，这时冲突是加强关系的一个好机会。

——"即使遭遇极不情愿之事，亦会为了和谐而选择忍耐。"

思维调整：我确实非常不喜欢与他人发生冲突，但我有自己的判断力。事情有轻重缓急，我不会为了逃避冲突而屈服于操纵者的威胁。

——"若与他人发生冲突，恐将断送彼此的关系。"

思维调整：我明白人与人之间必然存在各种矛盾和冲突。我需要做的是以建设性的方式合理应对和解决这些问题。在健康的人际关系中，冲突和对抗是被允许的。

——"对他人的愤怒、失望与敌意，心怀畏惧竭力规避冲突。"

思维调整：在人际交往中，负面情绪和冲突是不可避免的。而恐惧和逃避只会让我更容易成为操纵者的目标。如果有人试图利用愤怒和敌意来让我屈服，去做我不愿意做的事情，那么我绝不会接受。虽然我讨厌焦虑和恐惧的情绪，但我可以忍受它们。然而，被操纵是我绝对不能容忍的。

> ——"每当与他人发生冲突,总认为是自己的过错。"
>
> **思维调整:** 冲突是双方对抗的结果,问题可能出在我身上,也可能出在别人身上。我没有义务承担所有的过错。如果有人试图把所有问题都推到我身上,那么,这个人无疑正在尝试对我进行精神操纵。

## 给予自己信任和依赖

一直以来,你倾向于将决策权交给别人,相较于信赖自己的判断,你更愿意采纳他人的意见。然而,这种做法阻碍了你自主做出明智判断的能力,反映出你对自己的不信任。

在决策过程中,你过度依赖外部信息,寻求过多建议,反而让自己陷入混乱与迷茫中。这种情况迫使你再次寻求他人帮助,你努力降低他人建议出错的可能性,却忽视了自身决策过程的不稳定性和误差。在这种反复的信息收集和决策变更中,你感受到的更多是焦虑和不安。

每个人的思维、判断和需求都是独特的,过度依赖他人难以做出符合自身利益的决策。你必须认识到,自己才是信息的关键提供者,唯有你能找到最适合自己利益的方式。无论喜好如何,无论决策有多难,你都应学会信赖自己的判断,构建自我决策体系。这对于增强自我依赖和抵御他人不当导向至关重要。除非你开始坚定自己的思维,否则在面对压力时,你只能选择顺从和跟随。

——"自己的决策总是让自身缺乏安全感，引发焦虑。"

**思维调整**：焦虑源于不信任，我必须学会依赖自己的判断。作为自己最直接的信息源，这是迫切需要解决的问题。

——"相较于自己的判断，更倾向于信赖他人的观点。"

**思维调整**：过度依赖他人本身就是一个错误的决策。如果他人意识到我易受影响，我就可能成为操纵者的目标。

——"若无他人协助决策，自身将难以做出选择，无论大小事宜。"

**思维调整**：由于长期依赖他人做决定，我独立决策的能力已经退化。我应该先独立思考，明确自己的需求和想法，然后咨询少数值得信赖的人。这样的决策才真正符合我的需求。

——"自身习惯于收集并遵循他人的人生建议，不断温习、学习。"

**思维调整**：大多数建议都基于他人的生活经验，我需要评估这些建议对我的适用性和合理性，盲目接受可能导致不良后果。

> ——"对自己缺乏信心。"
>
> **思维调整：** 我是自己信息的首要传播者和需求的第一知情者。他人的意见和建议源于他们的经历和环境。我会倾听尊重的人的意见，但保留最终决策权。

## 让自己成为做决定的人

在过去的日子里，每当遇到困难，你总会感到束手无策，认为自己无力改变生活现状。你常常将自己所经历的一切归因于他人的影响，因此容易陷入被操纵的境地，如同一个任人摆布的玩偶。

为了摆脱这种困境，最直接的途径就是改变自己。你要坚信自己是生活的主角，以主动的态度去思考和行动。虽然立即变成一个强势、掌控一切的人并不现实，但你可以从生活中那些你能掌控的事情开始，采取积极的行动。这是至关重要的一步。

随着你逐渐找回自我掌控的能力，你会体验到自我满足的喜悦。这种满足感将激励你进一步强化自己的控制权。这也将为你提供摆脱操纵者束缚的机会，新的信念将支撑你抵抗他人的操纵，使你的新思维方式更加坚定。

> ——"自己始终认为，生活中的大部分事情都是在他人的影响或控制下形成的。"
>
> **思维调整：** 虽然我无法掌控所有事情，但我的思想和行为却完全由我主宰。我应该紧握自我控制的权力，否则容易受他人操纵和利用。

——"自己所遇到的一些好事，多半归功于好运和他人的馈赠。"

**思维调整**：或许某件事的成功有运气的成分，但更多的是基于我的选择和努力才促成了这件好事。

——"自己的能力不足以阻止不幸事件的发生。"

**思维调整**：与其关注那些我无法控制或改变的事情，不如将精力集中在我能够掌控的事情上。我相信自己有能力让自己和生活变得更好，无论改变多么微小，都是进步的象征。

——"自幼至今，自己对生活中发生的大部分不幸都感到无能为力。"

**思维调整**：每个人都有力所不能及的事情，无需对那些无法完成的事耿耿于怀，这只会让我陷入深深的沮丧。我应该专注于生活中那些我能够切实掌控的事情，并在思想上和行动上付诸实践。

——"在亲情、友谊、爱情或同事关系中，自己总是那个被推动、被决定的人。"

**思维调整**：我是自己生活的主角，在人际关系中承担适当的责任是对自己行为和决策负责的表现。我可以从小事做起，逐渐在各种关系中掌握更多的主动性和控制权。

## 重新勾勒自我形象

构建并维护清晰的自我认知,是抵御操纵行为的关键所在。请拿起纸笔,深思熟虑后回答以下问题:

请用 20 个词或短语描述你自己,展现你眼中的自己。

1. 列出你生命中重要的人物,如恋人、家人、朋友和同事。针对每一位,对比你与他们的个性、需求、优点和缺点,至少提出 3 点差异。

2. 阐明你观念中最核心的道德和伦理原则。

3. 详述你坚持的政治立场、社会心理和文化态度。

4. 你是否拥有精神信仰或宗教信仰?你如何形容自己的精神世界?请书面表达。

5. 谁是你情感上最为依赖的人?你们之间的关系是什么?

6. 记录你的梦想和目标,以及驱使你追求它们的动力。

## 塑造坚定的自我

通过前面的指南和问题,你或许已经识别出自身易受操控的思维模式。接下来的任务是根据你的笔记中的每个"易感点",用调整后的思维逻辑来替代错误的认知。你可以参考我所举的例子，或者写下适合自己的纠正思维，并大声朗读，从身心深处积累正能量。

本章提供了多种抵抗操控的技巧，旨在强化你薄弱的自我意识，使你成为操纵者难以攻破的目标。这些内容大致包括自我审视、识别弱点以及思维替代三个步骤。一次性的练习可能不会带来显著改变，你需要长期坚持（例如每周进行一次自我问答），才有可能战胜那些根深蒂固的思维方式。它们不会一夜之间消失，你也不可能立刻变成理想中的自己。

然而，只要你决心成为一个坚定且明辨是非的人，那么旧的思维和行为模式必将逐渐被更健康、更具自我保护性的方式所取代。

在精神高度紧张或压力巨大的时刻，你可能会因恐惧或疲惫而退缩，这是正常的反应，不必视为对自己的背叛或倒退。此时，你可以翻阅之前的笔记，再次记录出现的问题，并运用前述方法来纠正和强化你的思维。保持耐心，不要轻言放弃。只要给予自己一些喘息的空间和时间，你就能从退缩中恢复，继续前行。

# 结　语

尼采曾言，生命的真谛在于自由，而自由的核心在于选择。当你拥有选择权，你便拥有了自由，你的生命也因此充满意义和价值。

一旦你落入操纵的陷阱，自由和选择将变得虚无缥缈、触不可及，随之而来的是精神世界的逐渐枯竭。

精神操纵犹如一颗投入人生旷野的破坏性炸弹，它侵蚀我们的自尊，摧残我们的心灵。这是一种我们必须正视的心理疾病。

多年的职业生涯中，我有机会聆听了无数人关于生命与心灵的倾诉。他们分享了许多欢乐的时刻，但更多的是失望与沮丧。这些人要么对发生在自己身上的问题浑然不觉，要么束手无策。这正是我撰写此书的强大动力。

希望这本书能助你拨开迷雾，看清真相，识别自己所处的困境，并掌握必要的应对策略。携带上心态的"急救包"和抵抗的"武器"，我坚信你能在与操纵的较量中脱颖而出，成为操纵者难以攻克的目标。

在他们接近你之前，他们就会被你坚定的信念所震慑。

最后，我要衷心感谢那些愿意与我分享故事的来访者。愿你们的经历和宝贵的经验教训，能成为他人人生旅程中的一盏明灯。